为什么精英都是
方法控

[日]金武贵◎著　朱安宁◎译

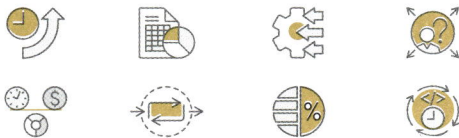

湖南文艺出版社
HUNAN LITERATURE AND ART PUBLISHING HOUSE

博集天卷
CS-BOOKY

图书在版编目（CIP）数据

为什么精英都是方法控/（日）金武贵著；朱安宁译. — 长沙：湖南文艺出版社，
2018.2
ISBN 978-7-5404-8362-3

Ⅰ.①为… Ⅱ.①金… ②朱… Ⅲ.①成功心理—通俗读物 Ⅳ.①B848.4-49

中国版本图书馆CIP数据核字（2017）第263145号

著作权合同登记号：图字18-2017-057

Saikyou no hatarakikata
Copyright © 2016 Moogwi Kim
Original Japanese edition published in Japan by TOYO KEIZAI INC
Simplified Chinese translation rights arranged with Moogwi Kim
through EYA Beijing Representative Office
Simplified Chinese translation copyright © 2018 China South Booky Culture Media Co.,LTD

上架建议：商业·成功励志

WEISHENME JINGYING DOU SHI FANGFA KONG
为什么精英都是方法控

著　　者：[日]金武贵
译　　者：朱安宁
出 版 人：曾赛丰
责任编辑：薛　健　刘诗哲
监　　制：蔡明菲　邢越超
策划编辑：李彩萍
特约编辑：汪　璐
版权支持：文赛峰
营销支持：姚长杰　李　群　张锦涵
版式设计：潘雪琴
封面设计：刘红刚
出版发行：湖南文艺出版社
　　　　　（长沙市雨花区东二环一段508号　邮编：410014）
网　　址：www.hnwy.net
印　　刷：三河市中晟雅豪印务有限公司
经　　销：新华书店
开　　本：880mm×1230mm　1/32
字　　数：209千字
印　　张：11.5
版　　次：2018年2月第1版
印　　次：2019年6月第3次印刷
书　　号：ISBN 978-7-5404-8362-3
定　　价：45.00元

若有质量问题，请致电质量监督电话：010-59096394
团购电话：010-59320018

序言

写给亲爱的中国读者朋友

拙作《为什么精英都是方法控》能够在中国出版，我感到非常开心！

除了日本，这本书已经在韩国、越南、泰国、中国台湾等国家和地区出版。其中日语版在日本亚马逊创下了连续多日综合销量第一名的好成绩，还获得了2017年日本商务类书籍大奖。

《为什么精英都是方法控》在日、韩两国一经出版，就成为畅销书。为此，我还被邀请在两国为读者朋友做演讲。真心希望有一天，我能用汉语为中国的读者朋友们开演讲会，这是一个想起来就让我有点小兴奋的心愿。

我是一个出生在日本京都的韩国人，但我早就和中国结下了不解之缘。我在大学时代和研究生时代，分别到北京大学和上海的CEIBS（中欧国际工商学院）进行过短期留学。那个时候我结识了很多中国的好朋友。另外，我在新加坡、法国、东京、中国香港工作生活期间，有幸和很多中国专家一起工作过，从他们身上学到了很多宝贵的知识和经验。我在日本京都还经营着一家民宿，九成客人来自中国。我和他们相处得非常融洽，很多游客回国之后，我们还保持着联系。

一想到这些中国好朋友现在可能正捧着我的书在读，我心里的喜悦简直没法用语言形容。在中国留学、旅行、工作的经历，让我深深地爱上了这片土地和人民，我的书能在中国出版，真是我无上的光荣！读了这本书之后，如果您有什么感想或意见的话，请一定访问我的网站www.moogwi.com，然后发邮件给我info@moogwi.com。

要让我用一句话概括写这本书的目的，我可以告诉您，不是让头脑变得更聪明，而是让工作方法更上一个台阶。所以，这是一本"工作方法的教科书"。从第1章一流的工作基本开始，到第2章一流的自我管理、第3章一流的工作心态、第4章一流的领导能力，直至第5章一流的自我实现，每一个阶段都是我从实践中总结出来的经验教训，自认为对提高工作方法大有裨益。

尤其是最后的第5章，都是普遍而且实用的方法论，可以为您在职业生涯中实现自我加油助力！相信在辽阔的中国，也和日本、韩国一样，有很多职场人士正烦恼于工作效率不高、方法不对路。我不敢说这本书就是您的救星，但至少能给您带来挑战的勇气！

这本书可是我在世界各地被各种上司批评甚至指着鼻子怒

骂的过程中学到的宝贵经验教训。我曾在世界各地的多家全球化金融机构、咨询顾问公司工作过，优秀的上司、同级都是我的老师，在他们的指导、帮助和批评下，我才有机会学到一流的工作方法。我衷心希望自己的经验能给中国朋友带来哪怕是一点点的帮助。

金武贵

2017年12月

前言

❖ 远比智商、学历重要，如何提高"工作IQ"？
——在世界各职场上司的训斥中学到的77条教训

"头脑聪明和工作出色并不是一回事吧？让我说的话，'工作IQ'更重要……"

这是我在文莱达鲁萨兰国与尊敬的企业经营者安元先生（化名，52岁）一边共进早餐，一边讨论各类著名经营者时，他提到的一个观点。

当时我们正在讨论的某位企业管理者，出身于东京大学法学部，并取得了著名学府的MBA学位，后来一直活跃于各大知名企业。乍看之下，俨然走典型精英路线的形象。然而仔细研究他的履历就会发现，他似乎并未取得任何"值得一提的成就"，甚至在所有职场都仅仅工作了一两年就惨遭解雇。

认真想来，类似上述**学历、履历都非常出色，却在工作上一无所成的人其实不在少数。**相信在读者朋友们的职场中，一定也不乏学历、履历都华丽夺目，工作表现却平淡无奇的人。更有甚者，其工作能力实在让人不敢恭维（至于您问我本人表现如何，咱们先搁置不提）。

相反，世上也存在不少这样的人：并非名牌大学出身，有的甚至都不曾跨入大学校门，却在商务领域大获成功，被周围人盛赞"工作表现达到了最高水准"，成为职场的一流（first-class）职业人士。

由此可见，衡量学习能力高低的IQ，与衡量工作水准是否一流的"工作IQ"是截然不同的两种概念——当我的脑海中第一次明确浮现出"工作IQ"这一新概念时，我简直难以抑制内心澎湃的兴奋之情，在酒店的自助餐厅一边大口吃着蛋包饭早餐，一边忍不住手舞足蹈起来。

【本书目的】

❖ 在自行选择的道路上，发挥出最高职业水准
——不做社会公认的精英，自由选择适合的天职

本书的目的，一言以蔽之，即希望读者在读完本书后，能够自主选择可以实现自我的领域，并在面对"究竟该怎么做，才能发挥出一流的工作水平？"这一问题时，可从本书中获得具体的行动指南。

如果不限字数，请允许我用以下5个要点来归纳：本书旨在从以下5章、共计77条教训的角度，提升诸位在"工作术"与"生存方式"方面的视野高度。

- 第1章　一流的工作基本（Basic）
- 第2章　一流的自我管理（Discipline）
- 第3章　一流的工作心态（Mindset）
- 第4章　一流的领导能力（Leadership）
- 第5章　一流的自我实现（Self-realization）

这里所说的"first-class"，当然不是指深受极小部分所谓精英商务人士或是历代东京都知事青睐的飞机特等舱。

这里指的是在自己选择的领域——不限行业——"发挥出最

高工作水准的一流职业人士"的意思。

本书旨在通过"工作基本""自我管理""工作心态""领导能力""自我实现"这5个切入点，为各位读者提供"发挥出自己的最高工作水准"所需的行动指南，并帮助大家将其落实到具体行动中。

本书精选的77条教训，非常基础而具体，不论学历、智商高低，任何人都可以实践。换言之，即使是智商、学历高的人群，如果做不到这些基本内容，也很难做好工作。相反，做到了这些内容的人，即使智商、学历不是那么傲人，依然可以做出最高水准的工作成果。

当然，最佳的工作方法总是随着人的不同个性和环境而改变。尽信书则不如无书，对于任何书的内容，我们都不能不假思索地全套照搬。

因此，笔者希望，各位可以将本书中的77条教训，结合自身具体情况深入咀嚼、消化后，选取符合自身实际的内容加以实践。

【本书特点】

❖ 浓缩各行各业高度重视的"一流的工作基本"

【特点1】从世界各职场上司的怒火与说教中，心怀感激地整理出的一流的工作基本

本书所写的内容，并不是我个人流派的工作术，而是我在辗转于世界各职场时，从一流商务人士的怒火与说教中，心怀钦佩地总结出的、他们正在践行的"工作方式"以及"生存状态"。

我曾在新加坡、法国、中国香港等地工作过，有幸与许多"世界级工作一流的职业人士"共事。从他们那里，我吸取了很多极具启发意义的经验教训，并通过本书总括性地、体系性地呈现给大家。

到目前为止，我涉足过私募股权融资、公开股票资产运作、咨询、投资银行、海外MBA等众多领域，并接触到各类极其优秀的职业人士。这些职业经历让我有机会与不同职业的客户、商务人士共事，其中既有金融界、咨询界人士，也包括其他各行业人士。

本书在说明这些经验教训时，为便于大家进入当时的具体情境，较多地描写了以个人为中心的独立场景，表达的实质却是各

行各业的一流职业人士所共通的"一流的工作基本"。

虽然出版了《为什么精英都是方法控》这本书，但请大家不要误会，我本人可不算什么厉害人物，可以说是"乏善可陈"。而书中给我种种珍贵教训的人们，的的确确个个卓越不凡，如果有机会，真希望大家可以见一见这些世界级职业人士。

如今市面上的很多商务书籍，总是带着作者的几分桀骜，采用居高临下的视角，去介绍麦肯锡等外资企业的精英员工们的工作方式。到目前为止，恐怕还没有一本书像本书一样，描写作者自己在世界各职场挨骂受训的情景，并且一边挨训一边心怀感激地从值得尊敬的同事们身上总结出工作方式。

【特点2】描绘"唾手可得的现实"，而非"遥不可及的理想"

第二个特点是，**本书内容"与读者自身密切相关"，具有高度的具体性、现实性，可用于指导所有职业阶段。**本书呈现给各位的，并不是在遥远的未来才能派上用场的、"高高在上的顶级管理层的精神论"，而是可以立即付诸实践的"具体目标和行动计划"。

很多著名学者或天才经营者写的书，往往倾向于为大家描绘"遥不可及的理想"。而本书的内容，无论对新进员工，还是对部长、总经理而言，都在他们的实践能力范围之内，旨在为大家呈现具体的"唾手可得的现实"。

同时也有不少商务书，本意是想告诉我们什么是领导能力，怎样才能成为一名优秀的经营者。然而事实上，我想大多数人并不打算成为下一个松下幸之助或比尔·盖茨，大家更关心的是如何成为一名优秀的普通员工、表现出色的科长或是令人尊敬的部长。

正是基于这一原因，本书（日本版）将副标题定为了"从了不起的部下、同事那里学到的77条教训"。

相信无论是希望成为优秀管理者的人士，还是首先想做一名工作能力突出的普通职员、科长、部长的人士，都可以从本书中找到"自己所需的东西"，这也是本书的目的所在。

具体来说，如果您对商务人士工作的基本比较感兴趣，可以着重阅读本书的第1、2两章。如果您已经是公司的中坚力量，正努力向一流商务人士过渡，可以重点阅读第3章。如果您身为公司的精英员工，仍不满足于现状，想冲刺管理层等更高目标，阅读重点则在第4章。而如果您已经完成了为工作而工作的职业阶段，想要超越工作、实现自我，可以优先阅读第5章。

对已经积累了扎实厚重的职业经历的读者来说，本书前半部分的大多数内容可能都"过于基础"。

不过随着篇章的推进，本书的内容也在不断深化，视野不断拓宽。因此请读者朋友们在阅读时，优先选择符合自身职业阶段的篇章进行阅读。

【特点3】本书内容适合所有人实践

第三个特点是，本书内容"任何人都可以实践"，具有"高度的通用性、实践性"。本书内容广泛适用于各类企业、团体。不论您是在麦肯锡咨询公司、高盛投资银行，还是地方中小企业、政府机关，都可以从本书中找到可以操作的具体理论指导。

本书精选的各类经验教训，都是最为本质的内容，因此广泛适用于各类职业。

如果仅从个人拥有的特殊才能或所处的特殊行业状态出发，总结出一本有关工作术的书来，大家读完以后可能会觉得"嗯，挺厉害的呢！"，但也仅限于发发感想，很难有进一步的行动。

即使书中通篇都是 "麦肯锡这样做" "哈佛流派是这样的" ，相信很多人也都看腻了吧。因为大多数读者需要的是可以付诸实践的行动要点，脱离了这一读者需求，就算不上是有价值的行动指针。

编写本书时，我几乎一边满世界周游，一边忙着确认每一条教训是否真的具有普遍意义，走到哪里，写到哪里。在巴黎、阿布扎比等地的高级酒店参加投资家峰会时，在孟买世界最大的贫民窟的胡同中穿行时，我都会不由得问自己 "我正在写的内容，对眼前的他们而言，也是有意义的吗？" ，并多次修改原稿。

而且，我还会想象 "福井县某建筑公司的文员" "在京都经营房地产的大叔" 等人读这本书时的反应，并严格地追问自己："我写的真的不是老生常谈吗？真的具有高度的通用性吗？真的挖掘到'一流的本质'了吗？"

经过上述一遍又一遍的推敲打磨，我放弃了 "只有极小部分超凡天才和超富裕阶层才能做到的内容" ，周游世界各地的同时，在字里行间追求着 "高度的普遍性与实践性" 。

因此，我可以向大家郑重保证——本书绝不同于大家经常见到的那类商务读本，不会将 "只有拥有特殊才能或在得天独厚的环境中才能实现的个别论"伪装成"一般规律"，强硬地塞给读者。

❖ 彻底追求文章的易读性

为给读者带来轻松愉快的阅读体验，本书十分注重文章的易读性。因为世上已经有太多聪明又厉害的作者，明明写出了非常精彩的内容，却因为表达得艰涩难懂，让人丧失了阅读兴趣。

从那些让我望尘莫及的同级、上司那里，有时从优秀的部下那里，有幸学到了很多宝贵的经验教训的我，并没有把它们抽象为晦涩的理论，而是想方设法地通过故事、对话等较为生动的形式，为诸位营造出身临其境的感觉。

同时，本书还使用了大量插图，用来体现各故事的本质，同时增强文章的"记忆点"，希望可以让各位过目不忘。而且，为了让内容更便于记忆和再次确认，本书还在各章节的开头写有概要，在章节末尾准备了复习时使用的检查要点。

除了在内容方面颇费心思外，编写时我也非常注重文章的细节处理，甚至包括一字一句、标点符号等。

本书对"文章的易读性"的注重程度，我认为已经超越了普通商务书籍范畴，如果被归入文艺书范畴，真希望可以获得个搞笑诺贝尔文学奖之类的奖项呢。

❖ 不爱读书或不爱读商务书的人，也不妨一读
——不爱看商务书的作者写就的一本超实惠商务书

每次去书店，我总会被商务书海之浩瀚、数量之繁多震撼到。虽然数量众多，但看上去都大同小异，实在让人搞不明白应该选哪本好，在买书前就早早地丧失了战斗欲。

大家在面对数量庞大的书海时，应该也会产生类似以下的感想吧？

- 那么多的商务书和自我启发书，无非是将一些老生常谈、无足轻重的内容，故意写得艰深难懂而已。
- 内容方面毫无优先顺序、逻辑构造可言，只是将一堆杂乱无章的话题毫无逻辑地随意堆砌起来罢了。
- 作者总爱把他个人的经验粉饰成一般论，再用命令的语气、居高临下的态度强加给读者。

- 同一作者可能是请来代笔作家，把几乎雷同的内容编写成好几本书，胡乱发行。
- 书的腰封上普遍写着类似"接触了1万名客户后终于明白的道理""一本书改变一生""只需3小时，你会读懂一切""告诉你1%的秘诀，让你理解99%的事情"等非常可疑又极具煽动性的句子。
- 看上去足有200页之多，翻一翻内页发现空白处不少，没什么实质内容。
- 站着随手翻一翻标题似乎很有趣，但具体内容又比较"鸡肋"。
- 书的数量实在太多了，完全不知道该选什么。只有一点可以肯定：畅销的也不一定就是"好书"。
- 希望找到一本囊括重要经验教训的书，一本值得多次阅读的书。

正是为了解决上述问题，我开始着手编写本书。

这是本身就忙碌不堪的读者们好不容易才捧起的一本书。因此，如果这本书不饱含着作者对读者的敬意，不满含着"为了读者追求完美"的心意，那就是对读者最大的失礼。

另外，如果这本书不饱含着作者"无论如何也要让它面世"的热忱与相应的附加价值，那么身为作者，就该向出版社、中转商（批发商）、书店，甚至对化为纸浆的森林诚恳道歉。

　　本书在制作过程中，非常注重"为读者带去实惠感"，希望广大读者——特别是对商务书籍已不抱期待的人们，或不以为然地认为"只有不会工作的人才天天钻进商务书堆"的人们——都能对本书感到满意。

　　为了完成本书，我花费两年多时间遍访世界多国，才终于将到目前为止在世界各地建立的人脉及多年职业生涯中积累的经验教训编写成册。本书（日文版）页数将近380页，几乎是一般商务书两倍的分量，而且内页使用了大量彩色插图，价位却和普通书籍相差无几。

　　同时，基于"销售量争取突破100万部"这一大胆又乐观的预计，我总是忍不住在各种细节上力求完美。最后编辑负责人中里有吾先生不得不拜托我"求您别再为了谁都不会注意到的细节继续花费我们的制作经费了"。

　　因此，在这里我可以说，这是一本耗费了我两年多时光、倾注了我全部心血的著作，也是一本最大限度浓缩了我多年国际商务经验教训的精华之作。

　　而且，由于反复推敲每一处文字表达，包括连接词和标点符号我都进行了反复的修改，加之打字时的手劲比较大，最后我居然把东芝电脑键盘上的"O"字键打坏了呢。

❖ 【本书目标读者群】
一本公司进修教材，教会您职业人士"工作的基本"
——读者群从新进员工到经营层、创业家，从学生到退休人士

本书非常适合即将参加商业学校培训的您一读。

如果您已参加完商业学校培训，也可以读读本书。

当然，如果您根本就不打算去商业学校进修，那么请一定读一读本书吧。

总而言之，我希望所有人都可以阅读本书，特别是衷心希望以下各位读读看。

- 不论多么有帮助的书，只要内容枯燥无味，就绝对不想去读的人士。
- 内心认为工作能力其实和学历、智商无关的人士。
- 非常想了解一流的商务人士正在实践的所有的"工作的基

本"的人士。

- 在职业生涯或求职、改行过程中，其实不太清楚自己究竟想做什么的人士。

- 和大多数一流商务人士一样，正在烦恼怎样才能实现自我的人士。

- 想抢先学习世界一流职场中上司的批评、说教的人士。

- 因为没能有幸遇到优秀的上司，在职场中感觉不到自身成长，为此十分焦虑的人士。

- 为保持自己的竞争优势，想持续进行高质量充电的人士。

- 想带动其他人，想获得周围人信赖和支持的人士。

- 比起做一名社会公认的精英，更想拥有主导权、自主选择人生的人士。

- 在只有一次的人生中，想抛开年龄、开始新挑战的人士。

- 正在寻找合适的商务书、自我启发书，想送给重要朋友的人士。

- 想开展高效的员工进修、商务进修的人士。

无论对公司新人、中坚力量还是职场老将来说，本书都是再适合不过的"商务进修教科书""职场人士进修教科书"。

因为本书概括性地介绍了在任何职业中，上司想要告诉部下、提醒部下的重要注意事项，还包括了上司对部下的中肯批评与有益建议。

通过本书，相信您可以提前学习到今后数十年的职业生涯中会遇到的大部分重要商务经验教训。

另外，本书也为处于企业管理层、公司领导地位的读者朋友们准备了很多极具启发意义的内容，帮助大家成为更优秀的领导。这些内容包括部下对上司的期待、值得尊敬的上司们的共同点等。

同时，正在考虑自己究竟想做什么的各位，包括将来或现在正考虑创业的人士、求职中的毕业生乃至退休人士等，应该都可以从本书中获得重要启发。

反过来，我觉得本书可能不太适合以下人士。

那就是寄希望于"阅读一本书，改变整个人生"的人，期待"书里写的全是崭新的内容""书中一字一句都符合自身情况"的人。我不太建议他们购买此书，就像我同样不建议他们勇闯亚马孙河流域一样。说到底，他们所期待的书就像传说中的独角兽一样，并不存在呀。

❖ 一本教会您"最强工作术"的教科书
——比起新颖度，更注重高度优先的本质及概括性

本书作为一本"工作术教科书"，注重的是"高度优先的本质内容"和"一本书囊括全部的概括性"。

相信各位明智的读者朋友早就意识到，"商务类书籍"如果只追求"内容的新颖度"或一味希望是"适用于任何人的万金油"，是没有什么好处的。

因此，本书并不打算去介绍那些吸引人眼球却偏离主题的内容，而是立足于怎样将优先级别高的本质性内容，全面、概括地收容于一本书中。

我心目中的"好书"，并不会一味追求向读者传达新鲜信息，除了单纯的趣味性外，还应该包含本质性内容，且具备概括性。

与此同时，一本好书还需要为读者提供现实利益——让读者能够自行实践，也应该肩负着向读者呈现一个新世界的责任。

另外，"好书的本质"还在于在调动读者大脑的同时，具备打动读者内心的感动力量，以及包含许多便于读者记忆书中内容的小技巧。

　　基于上述理由，本书介绍的并不是脱离现实的精神论、学术论，而是从世界一流职业人士真实的工作方式、生存方式中，提取出"真正有助于商务成功、有助于自我实现的高度优先的工作基本与具体方法论"，并通过生动、直观的形式介绍给各位。

　　我认为，与其去商业学校学习"蒙特卡罗方法"，不如学会"秒回"邮件，这更有助于您升职加薪。而通过营销4P〔Product（产品）、Price（价格）、Place（地点）、Promotion（促销）〕理论制作点线图，远不如开阔工作视野，拥有更好的工作心态，做出超出客户期待的工作表现重要。

　　同样，与其学习贴现现金流法（DCF）和实质选择权之类的理论，不如先学会怎样高效使用白板、怎样做出金字塔结构的笔记，后者更贴近最强工作术。

　　最后我想提醒各位的是，与其在精英企业中为了晋升终日厮杀，不如认真地问问自己究竟喜欢什么、擅长什么。基于本心出发的人生才更加充实。

　　本书的内容都非常接近本质，衷心期待大家可以把它当作"工作术与自我实现"方面的教科书，定期、反复地多次进行阅读。

　　当初怀着"编写一本像样的书，送给我身边的重要朋友"的心情，我开始动笔编写此书。因此，如果您读完本书，还愿意将它分享给您身边重要而特别的人，例如家人、朋友、同级、后辈以及上司等，身为作者的我将深感无上光荣。

最后，衷心希望本书可以对好学上进的各位读者朋友有所助益。让我们一起出发，开启您探索"最强工作术"的旅程吧！

Contents

目 录

第 **1** 章

一流的职业道路，始于一流的基本
追求未知的工作秘诀，不如完善已知的工作基本

第2章 一流的自我管理

一流的职业道路，始于优良的生活习惯

第 **3** 章

一流的工作心态
横亘于一流和二流之间的差距

第4章 一流的领导能力
深受周围支持的人,这些地方与众不同

【 重视他人 】

做好表率

第 **5** 章
一流的自我实现
认知自我，解放自我

做喜欢的事情

第 **1** 章

一流的职业道路，始于一流的基本

追求未知的工作秘诀，
不如完善已知的工作基本

"这个人的玻璃杯，究竟要擦到什么时候啊……"

在我常爱光顾的一家酒吧的吧台里站着一位工作人员，桥本律子小姐（化名，35岁）。每每见到她那令人起敬的工作状态，我都不由得在心里发出上述感慨。

即便如此，桥本小姐依然在认真仔细地擦拭着她的玻璃杯。

只见她一边擦，一边多次把玻璃杯对向灯光，检查杯壁上是否还残留水渍或手垢。那一丝不苟的目光，丝毫不逊于任何一位

钻石鉴定师。

她是那么全身心地投入这简单而朴实的基础工作，忘我程度不禁让我开始胡思乱想："再这样擦下去，不会摩擦生热导致玻璃杯爆炸吧？不会接着引发这一带的山林火灾吧？"

其实，只要是一流的餐厅，餐具都毫无例外地保持着惊人的干净、锃亮，餐桌、吧台包括餐厅的角角落落也都一尘不染，甚至连洗手间都整洁得令人惊叹。这正反映了任何行业的一流企业所具备的共同态度——"高度重视工作的基本"。

又例如，我经常因为各种原因前往迪士尼乐园，每次都发现园内整洁得几乎找不到一片垃圾碎屑，绝大多数的工作人员也都笑脸盈盈，温和亲切。这正是一流的服务企业所共通的基本态度，无关价位——无论是星巴克，还是丽思卡尔顿、四季酒店的员工，大家都一贯坚持这样做。

如果去观看人气格斗比赛，你又会发现，冠军大力士们个个都腰腿强壮、体格彪悍，重心又低又稳。再看看拳击冠军，拳击步法之扎实远远甩开了其他选手。

由此可见，任何职业中一流的工作表现，归根结底，都来自一流的基本的日积月累。

那么，对上班族或学生族的我们而言，适用于我们所有人的

"工作的基本"是什么呢？

我认为，需要我们"精心擦亮的玻璃杯"——每日工作的基本内容，不外乎每天发送的一封封邮件、制作的一份份资料以及日常进行的一次次企划报告等。

本章的目的就在于帮助大家提高以下"基本中的基本工作"的完成度。

【书写】

1. 邮件的写法　2. 笔记的记法　3. 资料的做法

【说话】

4. 说话的技巧　5. 演讲报告

【整理】

6. 整理整顿

书写、说话、整理——几乎没有一个职场不需要做这几项基本工作，可以说是随处可见。正因为这样的普遍性，它们才被称为"基本"，在这里追求内容的新颖度是没有意义的。

当然，可能也有读者在书店里徘徊，想要发现"别人都没意识到的工作的基本、别人都不知道的工作术"。然而我认为比起所谓的"未知的秘诀"，更重要的是，对那些已知的但还没能彻底掌握的"真正重要的工作的基本"，提高理解度和视野高度，并切实地付诸实践。

举个简单的例子——一流人才的邮件。你会发现邮件内容处处体现了其本人清晰的头脑、明确的逻辑，工作类别、任务要点及行动计划也被整理得井井有条。

再看看笔记，一流的职业人士的笔记总是比其他人整理得更到位，通过具备高度逻辑性的金字塔构造，确保了内容无一遗漏。出自他们之手的资料，总是力求简洁精悍，以确保信息鲜明、有冲击力。

同样，他们在和人交流的时候，声音总是浑厚低沉、镇定自若，语速不快不慢，娓娓道来。在进行演讲报告时，他们总是可以在逻辑中巧妙地融入恰如其分的热情，通过清晰的条理和充沛的感情，明确地表达出想说的内容。

而且他们行动的时候，很少有赘余琐碎的动作，做任何事都有自己的节奏和秩序，就连寻找工作资料时也总是比一般人快速。

经常有人问"一流人才与一般人的区别是什么"。我认为，一流人才不是在任何方面都身怀"新鲜的、一般人没听说过的"秘诀。

那些所谓很少人知道的"秘诀"，其实根本不存在。之所以会有较大差距产生，是因为一流人才在处理"已知的基本"时，每一项工作的完成度都远远高于一般人。

那么，让我们围绕通用性极高、意义深远的"一流人才工作术的基本"，展开一场灵感之旅吧。

邮件的写法

1. 会工作的人，通常秒回邮件

"能做的工作"，一流人才立刻着手

"啊，他这么快又回我邮件了……真是一口气也不歇，秒回啊。我可不能输给他，也让他见识一下我那令人震惊的回复速度吧！看好了！！"

说起会工作的人发邮件的特点，首先浮现在我脑海中的，是他们回复邮件速度之快。

远的不说，本书的编辑负责人、东洋经济新报社的实力编辑中里有吾先生就是这样。只要一给他发邮件，他的回信就会像乒乓球似的瞬间飞到你的邮箱。

有时即使忙得无暇立刻处理，他也会迅速给你发来一封简信，表示"你的邮件已收到，谢谢。不过我现在因为××的原因，没办法仔细研究。我会在××日以前认真读完，并回复你"，为的是告诉你他什么时候能给出正式回复。

　　原因在于，如果对方的回信姗姗来迟，我们可能会暗自嘀咕"他是不是看不起我啊……"。如果对方压根就不回邮件，我们就会认为他"真是个不懂礼貌的家伙"。正是这一件件不起眼的小事，左右着我们对对方的感情和评价。

　　特别是发信人是上司或长辈时，他们往往很重视上下级关系（包括年龄上的长幼），面对年轻人或晚辈在邮件方面的这类无礼行为，很容易产生极大的厌恶之情。

　　在与人见面之后，请抢先对方一步，发邮件表示"今天很荣幸可以见到您"，这是基本常识。因为我们常说"致谢的保质期（最佳时机）很短"，所以最好在当天，最迟在第二天发送，这样简短的致谢邮件能发挥出极佳效果。

　　如果见面之后，先收到了对方的致谢邮件，那么我们只能在心里承认自己输掉了礼节，争取下一次及时发送"先行致谢邮件"。

❖ 邮件的回复速度，暴露了我们的整体工作能力？

　　也许有人觉得"不过是回信速度这点小事嘛"，然而窥一斑可见全豹，邮件回复速度快一点，就能够如实反映出，我们具有"能做的工作，立刻着手处理"的习惯。回复邮件慢的人，工作进展往往缓慢，常把工作拖到最终期限前，做任何事情都拖泥带水。

而注意力集中、拥有高度责任感的人，往往更值得委以重任。他们工作时常常顾及对方感受，总体来说回邮件的速度也很迅速。实际上，对方也会通过你的邮件，估测你在其他方面的工作能力。

因此，亲爱的读者朋友们，择日不如撞日，现在还不是专心阅读本书的时候，请立刻把本书放回书架最方便的位置，然后着手处理那些堆积在收件箱里等待回复的邮件吧。

收到他人的邮件时，请想象自己"正在参加世界乒乓球锦标赛"，然后像福原爱一样，大喊一声"飒！"，立刻回信吧！

能否秒回他人邮件，**体现了一个人工作效率的高低**，包括他是否具有不拖延现有工作的自制力，是否制定了任何事情都提前着手而不拖到最后的自我纪律，以及是否对发信人怀有敬意和关切等。

2. 大幅削减邮件文字
追求简洁高效的交流

　　"武贵，写邮件，尤其是英语邮件，同样的内容，下次只用一半字数写，因为重复或不恰当的表达，相较其他语言，在英语中显得更刺眼。"

　　这是我刚开始工作时，多次被上司指摘的地方。

　　尤其是因为英语文章的构造本身要比日语文章明确得多，因此工作能力强的人会尽可能地删除不必要的、重复的表达。越是会工作的人，邮件内容越是简短明快，越能像上文中那样秒回对方。相反，耗费不必要的时间去长篇大论地回复别人的，多是二流人才。

　　不仅是邮件，其他资料也是如此，仅凭文笔简洁这一点，就很容易让人出人头地。如今回想起来，每次我给哈佛、牛津大学文学系毕业的美国上司、英国上司发送英语草案，他们总是会把我的原稿大刀阔斧地删减至一半甚至三分之一。这样一来，内容反而变得简洁而富含逻辑，处处渗透着写作者的深思熟虑。

还有一次，我为某友人写美国某著名MBA入学考试推荐信，就遇到了校方提出的"这个人能否通过简洁的文章与他人交流？"这个问题。这样一想，大多数外资跨国企业的大老板，都出人意料地并非出身经济学部，而是毕业于文学部或哲学部，看来也并非偶然。

"是否注重文章的简明精悍"大大左右着我们的工作能力。
因为，客户本来就忙碌不堪，需要浏览大量文件，根本没有时间仔细阅读我们的长篇大论。而且，邮件一旦篇幅过长，就会失去焦点，最想表达的重要部分也会被淡化。

换作我们去读别人的提案书，相信感觉也是一样的吧。
不少提案书足有100页之多，内容冗长，洋洋洒洒。但遗憾的是，这样的努力显然是没有回报的，因为对方根本就没有读下去的欲望。
相反，**一些提案书虽然篇幅只有一页，但内容充实、重点突出，反而能有效提高阅读率和记忆点。**

❖ 写作能力，反映工作能力

如今回想起来，以前工作过的各公司的经营高管中，越是厉害的人，写出的文章越是简洁明快，构造也极具逻辑性——既没有任何赘余，又不失要点，给人一种高效、精悍的感觉。

当我把我的假说——越是管理高层，写出的文章越简洁流畅——与所在业界的大人物讨论时，该人士也表示**"一个人的写作能力，能够很大程度地反映他的工作能力"**。

实际上，不论我们愿不愿意，我们发送的小小的一封邮件，就能反映出自己是否具备逻辑性思维能力和逻辑性说明能力、词汇表达能力，以及能否进行既不重复又不失要点的"有效沟通"。

那么，今后写邮件时，让我们努力将容量减半，大幅削减文章赘言吧。如果现在的文章满身"赘肉"、内容薄弱、松松垮垮，何不把它送进RIZAP（日本著名减肥健身馆）重新打造一番呢？

相信"塑形"后的文章一定自带六块腹肌、傲人锁骨，呈现出完美的S形曲线。如此一篇精悍而"健康"的文章，就可大大改变周围人对你工作IQ的评价。

笔记的记法

3. 会工作的人，都是笔记狂魔
—流的工作"滴水不漏"

"这个人记起笔记来，气势真够强大的……"

年轻时就很会工作的人，记笔记的速度总是飞快。

一份无可挑剔的笔记，可以有效提高周围人对我们工作的放心度与信赖感。

为了满足客户需求，我们本来就有义务完全掌握客户所谈内容，这是基本工作。同样，为了赢得上司信任，我们也有必要毫无遗漏地记录下上司对自己的要求。

所谓会工作、值得信任的人，总是能够给予对方足够的安全感，让对方相信"把工作交给这个人，他一定能准确理解内容，并一一落实它们"。

传说中，企业经营者杰克·韦尔奇曾表示，经营管理的基本就在于信息的完全共享和言出必行。而信息共享和执行力的基础又取决于一个人记笔记的能力，取决于他能否让对方放心地认为

"这个人一定不会听漏重点，因为他的笔记记得那么认真"。

因此，在和上司或客户交谈时，请一定认真地记笔记吧！通过这一态度向对方表明"您说的每一句话都很重要，为防止听漏，请允许我把它们记下来"。

当然，上述举动如果做得太过直白，就会让企图变得显而易见，给人留下耍小聪明的印象。但如果你能做到像日本银座俱乐部最红的女公关那样，通过谨慎而自然的举止表示"您刚才的话实在太有意思了，请允许我记下来"，相信效果一定会让你大吃一惊。

即使对方说的内容并不那么重要，你一边做笔记一边询问他的姿态，一定会让对方感觉"连我的随口一说，他都这么重视"，从而倍增对你的好感。

另外，不仅会工作的部下都认真记笔记，出色的上司更是如此。乍听起来也许很不可思议，但事实上，越是高层领导，越会在普通的会议或交谈中，迅速地记下自己的发现。这也是不知疲倦的学习习惯的体现，说明这个人"不愿意浪费任何学习机会"，"既然是自己花时间进行的交谈，那就要从中学到些什么，并内化成自己的东西"。

❖ 不记笔记的部下，最招上司厌恶

到了自己率领部下工作的年龄，我开始感到，没有比完全不记笔记的部下更讨厌的了。完全不记笔记，或做出一份马马虎虎、漏洞百出的笔记，不得不让人怀疑他的工作态度是否认真。

我们可不能小看了记笔记，该能力几乎是所有行业、所有职业所共同要求的，因此只要能认真、到位地做好这一工作的基本，就可以相当吃得开。做一份完美的笔记，并在团队中共享，这一看似单纯的工作能够做到完美的话，相信你在大部分公司都能得到一定的认可。

请大家一定谨记，一份笔记就能反映出一个人整体的工作态度，特别是是否具备"滴水不漏、高度集中的注意力"。

那么，今后在参加会议时，让我们以破竹之势记下会议的全部内容吧！相信即使是众议院全体会议的速记员，也会对你的神速感到震惊。

当然，如果笔记的内容还能做到下面一节中讲到的整齐有序的话，就是最理想不过的了。不过，在此之前请记住，毫无遗漏、"无懈可击"的笔记，将全面反映一个人的工作能力。

4. 一流的笔记，通常为金字塔结构

逻辑性思维能力体现于一切细节

> **"这个人的笔记，明明记得飞快，内容居然是完美的金字塔结构啊……"**

在任何企业都能迅速出人头地的一流人才，他们有一个共通点：做笔记时，==并非单纯地乱写一气，而是通过井井有条的逻辑结构完成。==

比如，顾问这一职业主要通过逻辑性说明来工作，因此他们中绝大多数都具备逻辑性梳理事物的习惯。其中尤其擅长逻辑性思维的顾问，整合信息之快着实惊人。

在我十分敬服的贝恩公司（Bain & Company）中有一位咨询顾问，他身处任何会议，都能以破竹之势快速记笔记。

"我刚刚在会议上讲了什么不得了的内容吗，让他如此拼命地记笔记？"我边暗自纳闷边瞟了一眼他的笔记内容。对于我毫无方向、颠来倒去的发言，只见他一边将其漂亮地结构化，一边利用完美的金字塔结构重新整合信息，然后落实在笔记中。

虽然我的讲话冗长而令人不明就里，但他依然可以边听边以矩阵形式整理。有时甚至连我自己都没搞明白究竟想说什么的内容，他都可以迅速把握实质，通过金字塔结构整理得层次分明，以便随时提取信息。

❖ 结构化的笔记，是高度逻辑性思维能力的象征

一流人才的笔记，只需将其誊抄为Word版，即可拥有一份通用版的会议记录。只要将这份金字塔结构的笔记交给部下，又可收获一份精彩的PPT演示文稿。

从结果来看，利用这样的笔记法，会议时间没有丝毫浪费，讲话要点及下一步计划在会议结束之际即可归纳完毕，一份完美的会议记录也得以完成。

无论从事何种工作，尤其是年轻人，很大一部分工作内容就是做笔记。如身处会议繁多的公司，甚至仅仅是记完笔记，整理成会议记录这一工作，就有可能耗尽一天时间。正因如此，**提高每一篇笔记的逻辑性，以提升团队效率，显得尤为重要。**

那么，今后做笔记时，让我们回想起3000多年前的古埃及法老图坦卡蒙吧。闭上眼睛，埃及艳后克娄巴特拉莞尔一笑。看看笔记本，最大的金字塔的主人胡夫也略现一丝微笑。"以汝之笔记，超越吾之金字塔，何如？"古埃及历代法老如是对你说。

让我们用心做出完美的金字塔结构式笔记吧！这样即使考古学者吉村作治前来发掘，也会打包票地说："没错，确实是金字塔！"

5. 【迷你专栏】
做一名"白板王子"!

领导力的基本在于集思广益、融会贯通

一流的商务人士都非常擅长使用白板。

一场会议通常由各种各样的人员组成，大家都会发表不同的观点，但只要现场有一位白板达人，这些不同的声音就会被立即整理成重点突出的金字塔结构。换句话说，他就像一位聪明的管弦乐队的指挥，把与会者的头脑像电脑一样连接起来，让这些智囊相互协作、相辅相成。

这样，本来只是个人头脑风暴的产物，也可以迅速在整个团队中共享。不知不觉中，行动计划、负责人员以及完成期限等一套完整的会议成果就呈现在大家面前。

这位白板达人一边接收四面传来的杂乱无章的观点，一边利用金字塔结构或矩阵分析法，将它们有条不紊地整理到白板上。这样优雅得像"白马王子"一样的姿态，不由得让人想称他为"白板王子"。

　　这几乎是一条百分之百毋庸置疑的铁的规律——**会工作的商务人士都非常擅长使用白板。**他们可以将会议中不断涌现的发言，瞬间划分出必要和非必要。对于非必要意见，他们也会在顾及发言者面子的同时，默默地将其扔进头脑的垃圾箱。

　　白板达人还善于"将讨论可视化"。

　　麦肯锡公司、贝恩公司中的一流咨询顾问们，通常会一边推动会议进程，一边在白板上整理出各观点之间的关联性，以保证与会听众能够随时掌握讨论的进程以及方向。

　　同时，他们可以瞬间将抽象的概念可视化，让其他人明白发言者思考的是什么、想表达的是什么。

　　另一方面，白板到了不擅长逻辑性思考的人的手中，则迅速变成了一把"双刃剑"。

他们的板书往往过于散乱，内容之间毫无结构可言，课题、分析与对策都被混为一体，只会让参与讨论的人更加摸不着头脑。

在会议或小组讨论中，如果你有自信胜任推进会议、总结讨论的工作，那么请主动做一名为大家整理思绪的"白板王子"吧。

连接与会者的智慧，调动众人的见解，集思广益，融会贯通，正是知性领导者的基本能力。

6. 高质量资料，一页纸即可归纳
首先请展示你的方案全貌

"我说过很多次了，首先给我看看你的整体'思路'，好吗？"

这是大多数应届毕业生刚进入咨询行业时，很容易挨上司批评的地方。也就是说，做报告时，首先要向对方传达该方案的全貌。如果对方不认同该方案的"大致框架"，无论你补充多少细节，情势都不会好转，只会让到目前为止的努力都化为泡影。

曾辗转于各类跨国企业职场的我，发现咨询顾问出身的一流上司们都一致认为，资料的"整体结构"和"整体思路"非常重要。

提前搭建起方案大致框架的人，在展开细节之前，通常会退后一大步，先通过整理要点，向对方展示项目的全貌。相反，对方案的大框架乃至小框架都毫无准备的人，很容易横冲直撞地和对方深入交流细节部分。

一流的商务人士，几乎不会交出一份冗长而无意义的资料。

会工作的人做出的资料，结构清晰、内容简洁，通过寥寥几张关键性图表（又称"必杀式图表"），就可以巧妙地表达出核心概念，迅速向对方传达信息。

相反，不会工作的人，也许是因为对方案本身没有信心，一般会准备大量繁杂的资料，利用"拉里荷式图表"["拉里荷"是游戏"勇者斗恶龙"（Dragon Quest）中催眠敌人的法术]来催眠所有与会人员。

❖ 假如让史蒂夫·乔布斯阅读你的资料

我十分敬重的一位上司曾经对我说过这样一句令我难忘的话。

"我认为，报告书只要一页就足够了。苹果公司的广告中，不也几乎没有任何详细说明吗？只利用公司标志加上两三个词简洁地表达主题。我们虽然是金融行业，但也完全可以做'金融界的苹果公司'，用最简约的方式表达自己。"

工作能力强的人，无论发邮件还是做报告，都极尽简约、精悍，全力追求资料能够"突显整体概况和构造"。

他们制作的策划报告，不论篇幅多长，永远都可以在第一页让人看到整体框架，而这一页框架又进一步被概括为开头的三行文字。同样，这三行文字又被浓缩为一句话标题。

那么，你通宵达旦完成的长达100页的企划资料，是否空有篇幅、不见"骨架"呢？想象一下，史蒂夫·乔布斯就坐在你旁边，面对新陈代谢症候群晚期患者一般臃肿的资料，他会做何感想？让我们毫不吝啬地大幅削减文字，努力做出一页纸、一句话即可概括的资料吧！

乔布斯有一句名言是"保持饥饿，保持愚蠢"。如果一定要再加一句，我想应该是"保持简约"。

7. 上帝存在于细节之中

为你的小失误感到羞愧并充满责任感

"资料的边缘都没对齐！好好考虑一下阅读者的心情！把边缘对齐，再用回形针别上！"

我20来岁时，曾就职于某外资金融机构。当我把前一晚熬到3点钟才做完的资料提交上去时，没想到居然被那位刚从MBA毕业的年轻副经理上司用上面的话痛骂了一顿。

突然被劈头盖脸地骂了一顿，当时我的内心难免涌起一股强烈的报复之情。然而冷静下来，尝试换位思考后，我不得不承认，这一项项细碎的工作，确实能反映出年轻员工对工作的基本态度和能力。

刚进公司的第一年，我大部分的工作就是制作资料。例如，使用上司规定的字体、颜色制作PPT，按照上司要求修改Excel表格中的字体，调整某个箭头的大小，等等。净是些看上去鸡毛蒜皮、无足轻重的小事。

在进入这么大型的外资金融机构以前，我还幻想着自己能成为头脑多么精明的投资顾问，负责多么重要的企业价值评估、收购工作。结果等待我的却是检查PPT的用色、图表形状是否合适这类"评估"业务。

某一天，提交资料后的我，目瞪口呆地看到上司居然拿出直尺，开始测量资料中企业标志的位置。然后，他非常生气地告诉我，标志错位了1毫米。我震惊极了，忍不住回嘴："这种事情，谁会在意啊？"

结果，那位上司告诉我："那么多竞争公司的方案，内容上其实基本都大同小异，所以我更不能允许这样的小失误被客户注意到。在内容相近的情况下，赢得竞争的关键就在于资料的美观程度。"原来，是否注重细节竟然能这么全面地反映出工作能力。

年轻时候的我，真是发自内心地讨厌这些朴实又无聊的基础性工作。因此当时的上司常常告诫我："可别小看这类看似粗重的工作。无聊的工作认真做，不断积累也会产生质变。"

如今看看我的周围，确实只有那些早早就出人头地的人，才会连制作资料这样的基本工作，都认真细致地追求细节完美，发挥出他们的最佳水平。

❖ 从完美到一处粗心小错误，应该产生羞耻感

一流人才在制作资料方面，即使犯了小小的错误，也会为此感到强烈的羞愧。

而不会工作的人，即使资料出错，也总是大度地觉得"做成这样，不挺好的吗？"。哪怕是公司标志没放正，甚至放成了其他公司的标志，他们也会连连表示"挺好的"，简直像江户末期伴着"挺好的呀"歌谣，在街头狂欢的民众一样。

他们那"宽于律己"的态度着实令人吃惊——无论出现了怎样的失误，都能坦然地表示"不挺好的吗？"，大度原谅自己。

与之相反，一流人才在资料制作上付出的心思往往超出上司的期待，提交时间也大大早于规定时间。

他们审视每一项工作的角度更高，认为"自己做出来的资料，质量必须比其他人负责的部分出色得多才行"。

提交后，如果上司修改了哪怕一处标点符号、一个字体、一张图表，他们都会感到强烈的羞愧，默默责怪自己没能做到完美。

"上帝存在于细节之中"，这句耳熟能详的谚语告诉我们，只有注重细节完美的人，才能达到一流的高度。完美的资料与有一处粗心小错误的资料之间，相差的不是一点粗心大意，而是一道巨大鸿沟。

今后制作资料时，让我们心怀着对栖宿在细节之中的上帝——也许是佛祖、象头神，或是我们祖先——的敬畏之情，努力提交出包括细节都无可挑剔的完美成果吧！

8. 【迷你专栏】
对"麦肯锡丛书"信奉者的忠告
符合读者喜好的，才是好资料

关于如何制作资料，我们在书店里经常可以见到一些商务书，夸张地写着"麦肯锡这样做资料"之类的内容。这种打着麦肯锡的名号进行的营销竞争该适可而止了。

之所以这样说，并不是因为我"内心黑暗又骄傲自大，故意贬低比自己聪明的人"。其实看看身边的友人，我就十分清楚，麦肯锡的很多员工，包括前任员工都非常优秀。然而，不可否认的是，也有一部分人空打着"麦肯锡"的名号，实则名不副实。

其实，即使是麦肯锡出身的咨询顾问制作的PPT中，也存在不少含混不清、质量较低的内容。理所当然，麦肯锡咨询顾问队伍也良莠不齐。如果盲目地认为"麦肯锡就是一流的代名词，麦肯锡的一切都值得学习"，那就大错特错了。

同样出身于麦肯锡，有的人能够平步青云，很快成为公司

合伙人，有的人却工作了不到一年就草草辞职。这些登上咨询行业顶峰的人，与在行业门口打了一圈酱油的人，对该行业的工作术、文化的理解自然大相径庭。

如果将这些人一视同仁地称为"麦肯锡人"，相信感到愤愤不平的不止我一个人。

本书介绍的资料制作方法，相信可以获得大多数咨询行业人士的认可，不过任何咨询公司都对资料制作有着各自的偏好。有的上司偏爱细致、复杂的图表，以达到自我满足。相反，也有上司走简洁路线，喜欢使用"一张图表＋一句话"的极简幻灯片表达主题。

其中也有人不论事先准备了多少充足的报告资料，做报告时却完全脱离它们，只是根据装入大脑的整体框架，一边观察对方的反应，一边随机应变地组织语言。相反，还有人并不在意报告的整体框架是否完美，而注重具体交谈中是否加入了一些有趣的话题。

由此可见，**每个人都有各自不同的理解事物的方法、大脑回路的构造、交流方式上的偏好，因此适合自身的交流方式也各不相同。**

只有掌握了"自我风格"与"听众喜好"，才能制作出"正合对方心意的资料"。

尽管书店里关于"如何做提案""如何做资料"方面的指导用书层出不穷，但万变不离其宗，不论是不是麦肯锡流派，制作资料的核心要点是不变的。

那就是——相信"上帝存在于细节之中"，不断追求细节完美的同时，保持清晰明确的信息结构。另外，在迎合对方的偏好和需求的基础上，尽量将内容浓缩为简洁的一页。

说话的技巧

9. 一流人士说话，使用"一流语调"
声音是人格的反映

"乔的声音真好听啊！"

　　我所遇见的一流领导者中，尤其是那些特别成功的人，说话方式也非常有魅力，拥有一副"好嗓音"。

　　他们的声音略微低沉而浑厚，像来自大地的震动一般，气息从腹部底部经由胸腔的强烈共鸣后，带着满满的自信，通过空气传达至你的耳膜。他们绝不会像我一样尖着嗓子、语速急促地表达什么，不论什么时候，一开口总是悠然从容又充满威严。

　　好的声音并不是单指声音的质量高，还指能够传递给听者丰富的信息，包括说话人是否自信、威严、正直、诚实、有领导力等。

你可以改变你的声音！

实际上我们与一流的商务领导者交谈时，就会发现他们的声音沉着自信，充满威严，可以说是"一流的语调"。可见，**"声音反映人格"**这句话在大多数情况下是成立的。

发音练习，如今已被许多商务学校正式加入沟通技巧或领导力课程。

同样，以G字母开头的某世界级跨国企业的干部培养训练中，也包含了"Executive Presence"（高管风度的养成）这一部分内容。简单地说，这就是一门"关于如何运用沉着的声音，从容、自信地说话的特训"。

❖ 通过腹式呼吸，打造沉稳声音

详尽的声音训练方法，在此就不一一展开了，不过希望大家试试基本的腹式呼吸法。掌握了它，我们也可以从腹部发出丝毫不逊于播音员的沉稳而浑厚的声音。

平时我们也许很难察觉到，但只要把声音录下来听一遍，就会吃惊地发现，自己的声音原来是那么不协调，简直是"奇声怪调"。这是因为我们平时听到的自己的声音，是通过头盖骨及大脑传达来的，自然和别人听到的完全不同。

相反，那些专业播音员经常客观地检查自己的声音和说话方式，因此可以将它们打磨得越来越有魅力。

我有幸认识了几位著名的播音员朋友（其实多是我单方面觉得关系亲密，就算我给他们发邮件，他们也不会回我，所以大家也不用太羡慕我），其中有几位是我上学时就认识的。

这些女性朋友上大学时声音还叽叽喳喳，现在已经完全依靠腹式呼吸，练就了一副迷人的嗓音。

另外，交谈时，"肢体语言"也非常重要。我在偶然参加的斯坦福MBA讲座中也听到过这样的理论：说话时不该缩着身子，而要挺起胸膛、直起后背，尽量保持开放的姿势。这样可以带动脑内激素平衡急剧变化，刺激大脑分泌调动积极情绪的睾丸酮，从而大幅增加自信心。

因此，说话时，注意放低、放慢自己的声音，并配合开放式的肢体语言，即可大幅提升报告、演讲的效果。当然内容方面也不能口不择言，否则无异于自掘坟墓，得不偿失。通过腹部而非喉咙发声，还能增加我们冷静思考说话内容的时间。

看似小小的声音，竟有如此大的影响！

有时，仅仅因为说话人声音太动听，面对空洞的内容，我们也会听得津津有味。内容方面细听之下真没有什么大不了的，但我们总觉得"这么好听的声音，一定在向我传达什么重要的信息"，不自觉地高估了交谈的质量。

接下来的内容就是题外话了：当初开始练习腹式呼吸，自然是为了练就一副好嗓音，不过后来我发现，它的另一好处是不论何时何地，都可以进行有益健康的内脏运动。

　　比如，无聊透顶的会议中，你可以试试悄悄地进行腹式呼吸，这样至少可以将正在浪费的时间用在有意义的体内运动上。

　　最近开会时，我总是频繁地扩张、收缩腹部，大口地进行深呼吸，引来了周围不少人怪异的目光。

　　真想告诉他们别理我，我在会议中"咝哈咝哈"，并不是痛苦地喘不过气，只是因为太无聊，用腹式呼吸打发时光而已。

10. 交谈时，多倾听对方的需求、关注点

"积极倾听"是构建信赖关系的基础

"良好的交谈最重要的基础就是，对对方保持兴趣。"

我上高中时，从常年主持CNN节目的名嘴拉里·金的著作中读到了上述这句话。长期以来，我一直将它奉为真理之一珍藏心中。

美国临床心理学家卡尔·罗杰斯将促进对方继续发言的"倾听"的姿势、态度以及技巧称为"积极倾听"。如果希望交谈不沦为单纯的信息互换，而是构建双方信赖关系的重要机会，那么最重要的是要"对对方保持兴趣，做出倾听的姿态"。

良好的交谈，指的不是将自己想说的话一股脑儿地倾倒给对方，而是从对话中听出对方的需求和想法，赢得对方的信任感，让他相信"这个人在认真倾听我说话"。

❖ 倾听对方的关注点，不断促进交谈深入

从对方关注的事情出发进行交谈，也是销售工作中的重要技能。

销售同样的产品、服务，面对的顾客类型不同时，"能够打动对方的谈话内容"也会随之改变。如果不能迎合各顾客层的需求、兴趣点以及价值观组织谈话内容，将很难让对方动心。

某种程度上，这与追求心仪的对象道理相似，都是从自身具备的众多特性中，挑选出合适的部分要素，"推销"给对方。

如果客户重视的是男人爱家、顾家的品格，你最好在交谈中巧妙穿插自己爱护太太、周末希望带着孩子去迪士尼乐园等话题。

相反，如果你心仪的女孩追求的是稳定的经济条件，那么在她面前说再多的迪士尼话题都是对牛弹琴，不如聊聊自己如何喜欢攒钱、讨厌风险，时常进行安全投资，等等。只有见缝插针地引出类似爱攒钱这样"正合对方心意"的话题，才能赢得芳心。

无论是做演讲、报告，还是做销售工作，或是向谁推荐什么，都必须深入了解对方的需求，即对方乐于接受的兴趣点。如果不能因地制宜地组织具体内容，将很难进行正中对方心意的交谈。

❖ 忽视对方需求的交谈，无异于自言自语

不善于交谈的人，完全察觉不出别人对自己的谈话内容兴味索然。他们总是可以将无聊的话题当作"全人类都关心的事情"甚至"21世纪一大发现"，毫无重点、无休止地发挥下去。

在这个搜索引擎空前发达的信息时代，在与人交谈时，重要的是一边细致地倾听对方的需求、关注点，一边推进会话。

如今谷歌、雅虎等网络信息服务如此便利，人们在交谈中变得倾向于只讨论自己感兴趣的话题。如果对方的谈话拖泥带水、毫无重点又离题千里，人们甚至会感到非常愤怒。

因此，交谈中最重要的基本是，首先倾听对方关注点，建立起信赖关系。相信不用我说大家也知道，无视对方需求盲目进行的谈话，无异于自言自语，根本算不上交流。

11. 打破框架、MECE、逻辑树理论

"激发听众共鸣和迫切分享的热情"十分重要

"做企划报告时，重要的是，报告内容有没有遵循MECE（相互独立，完全穷尽）原则。"

"你利用逻辑树分析了吗？一定要多尝试零基思考、假设思考啊。"

越是崇拜咨询行业的二流人才，说话时越爱使用"理由有如下三点……"这样看似充满逻辑的表达。也许是受到了咨询界商务书热、麦肯锡丛书热的影响，最近越来越多的人开始频繁卖弄"利用MECE……""框架怎么样怎么样……"这类句子，仿佛它们是解决问题的魔法。

然而，不论是MECE原则还是框架法，一旦使用方法错误，它们充其量是"抽象、枯燥又古老的垃圾箱"。按照这些方法整

理论点和信息是没错的，但如果论点和假说本身就无聊透顶，那上述努力不过是把垃圾箱里的垃圾收拾整齐后再扔一遍。

如果仅凭这些理论就能找到解决方法，大家就都不用那么辛苦了。那些把"MECE思维框架""零基思考""假设思考"当作咨询界三大神器的人，最终找到的答案，其实依然是来自自身多年经验培养的直觉判断。

在这里不妨告诉大家一个"秘密"：大多情况下，逻辑并不是用来寻找解决方案的，而是用来更直观、更合理地解释自己已经持有的假设的。

❖ 追求完美的 MECE，不如激发听众共鸣

世界上，很多头脑聪明、做事认真，但偏偏缺少了点关键性直觉、经验的人，很容易在做演讲、报告时，花费大量时间去利用MECE法，把那些平淡无奇、理所当然的演讲内容，说明得非常合乎逻辑，就算完成任务了。

他们的演讲中有信息、有数据，却没有想要传达给听众的思想，也没有激发对方共鸣的震撼内容。

人脑并不擅长记忆无聊内容，他们偏偏动用所有的热情，把

枯燥无聊的内容整理得井井有条。

与之相反，**一名出色的演讲者，本来就抱有一个观点、一种思想，无论如何都想和听众分享。**

前几天，我见到了常年活跃于朝日电视台的播音员朋友，问他："一场出色的演讲，最需要的是什么？"没想到他的答案与我的上述想法不谋而合——是否具有无论如何都想和听众分享思想的热情。这一点我深表赞同。

如果想要打动听众的心，演讲内容必须能先感染你自己，你自己必须感受到其中的激情和灵感。

亲爱的读者朋友们，有时内容稍有偏差没关系，但我希望你们的演讲、报告不要被所谓的MECE、逻辑构造束缚，变得只剩枯燥无味的数据和框架，好像一具枯瘦如柴的白骨。

那么从今天起，让我们把MECE概念扔进记忆的垃圾箱吧。

如果你那迷信咨询术的上司还在对你喋喋不休着"用MECE总结一下""框架在哪里？""你没用逻辑树分析！"这类的废话，请使出令《巨人之星》里的主人公星一彻都震惊的"愤怒之拳"，击碎他的理论吧。

12. 【迷你专栏】
成为擅长同一话题的国宝级演讲者

一流的健谈者，不会厌倦自己的谈话

一流商务人士的厉害之处还在于，同样的话题，不论何时何地、对谁说，他们都能以饱满的热情，精彩地重复一遍。

我本人却相反，不论多么有趣的话题，只要跟别人说过两遍，自己就会感到厌倦，要是向同一个人重复同一个内容，更会让我感到尴尬无比。然而，世上有一种人，即使向一位听众多次重复同一话题，也依然可以面不改色、谈笑风生。

例如，我所认识的著名经济学教授们、享誉日本乃至美国的传奇经营者们，在不断向别人重复同一话题的过程中，甚至能够让情绪不断高涨起来。

当我问起"不厌烦重复的秘诀"时，他们回答道："每一次重复，我都希望比上一次说得更精彩、质量更高。这就是动力。"

我在留学期间就见识过"不厌其烦地进行同一演讲"究竟是一种多么了不起的能力。

当时学校里有一位我非常敬重的统计学教授，希腊人，堪称天才。他一天要同时负责4个班级的统计学课程，这就意味着需要将同一节课的内容重复4遍。即便如此，他的课依然相当精彩——既穿插着精妙绝伦的临场发挥，令所有人捧腹大笑，也不乏感人至深的金玉良言。后来我才发现，这一切看似无意的环节，其实都来自他的精心设计。

我之所以能发现，是因为那些我以为是随机应变的绝妙玩笑，在其他班级上教授课的我的一位朋友一清二楚。

这么说来，我的历任上司也是如此。他们总是能够在公司内部或面向客户的企划报告中，数十遍数百遍地重复同样的话题。

于是，我惊奇地发现：一流的演讲者，无论面对什么话题，都能够不失热情，甚至能够不断提高情绪，去数百遍数千遍保持风趣幽默地讲述同一内容。

这样了不起，丝毫不亚于将同一相声重复千遍以求达到最佳效果的国宝级相声艺术家。

仔细想来，如果说话人都对自己所说的内容不感兴趣，听话人自然更不可能听得兴致盎然。如果希望听众沉醉其中，首先我们自己必须全身心地投入并乐在其中。

今后，希望大家在做演讲、报告时，即使内容已经重复了100遍，也能够以这一遍一定要比之前的100遍都完美的精神，拿出宣布"诺贝尔奖级别的世纪大发现"的兴致，做一场精彩绝伦的表演！

另外，这里还暗含着一个令人振奋的真理——演讲、报告的制胜关键并不在于天生的谈话技巧与才能，而在于反复刻苦的练习。

整理整顿

13. 工作效率，反映于办公桌、皮包的整洁程度

整理能力，是调查能力与效率的象征

"你的办公桌整洁吗？你的皮包里收拾得干净吗？你的电脑桌面上堆满了文件夹吗？"

以上这些，是我在公司的面试中经常认真询问面试者的问题。

窥一斑而见全豹。一个人的整理能力，很大程度上决定了他的工作质量和效率。同样易被忽视的是，如实反映一个人工作能力高低的，正是整理能力。

办公桌脏乱不堪的人，他的抽屉、皮包、电脑桌面及硬盘中的文件夹里也极有可能不会太整洁。这样的人，往往容易弄丢资料、发票、文件夹，或是搞错资料中的详细数字。

另一方面，办公桌干净整洁的人，往往也会把自己的抽屉、皮包、电脑桌面及硬盘中的文件夹收拾得整整齐齐。这样的人，还会时时整理其大脑里的想法和数据，让它们保持井然有序，以便随时提取必要信息。

在这里，我们不妨试试，让同级或部下找一找之前用过的文件。

其中一定会有人像弹钢琴一样利落地敲击鼠标，打开被整理得井井有条的各级文件夹，不带半点犹豫与迟疑，迅速为你找到所需文件。以小见大，这样的人处理其他工作时，也大多速度快、准确率高。

整理能力强、做事一丝不苟的人，一般来说，信息搜索能力也很强。

例如，选择餐厅吃饭时，他们会事先进行彻底的调查。前往目的地途中迷路时，他们也绝不会像无头苍蝇似的乱走乱撞，而会启动GPS导航，不花几分钟就找到出路。

这让我想起了发生在中国台湾的一件往事。那时与我同行的还有一位加拿大籍新加坡友人。她为此行每一天的三餐都做了彻底的事前调查，整理出一套每一餐"在哪里吃什么"的详尽"计划"。

如果仅是规划好晚餐，我还能理解。没想到她连早餐都花费时间进行彻底调查，我着实惊呆了，心想："吃什么应该都难吃不到哪里去吧？随便进一家餐厅不就得了吗……"直到走进她选定的餐厅吃到第一口早餐，我才彻底信服——这家的烤薄饼简直美味得一塌糊涂。这就是彻底调查的力量吧？我的这位友人就是这样一个任何小事都追求完美的人，从不在信息搜索、整理以及对比上吝惜心力。

还有一次是在印度，我乘坐出租车去某餐厅与德国朋友会合吃午餐。在距离餐厅还有20米的地方，出租车司机迷路了。

虽然我已经表示"就在这里停车吧，我下去转转就能找到了"，但司机并没有因为几分钟、几十来米的路程轻易作罢，而是执意打开GPS查找正确位置。

结果，他终于大费周章地通过GPS系统找到了目的地，仅仅是为了去隔壁一条街的餐厅。这种惊人的认真态度让我不禁咂舌赞叹。

凡事都一丝不苟的他们的共通点就是，"任何情况下都毫不迟疑的决绝"与"对信息收集、信息整理的执着"。

总的来说，整理能力强的人，信息调查能力也很强，工作迅速且准确，工作效率普遍都很高。

❖ "整理能力"与工作效率密切相关

我以前的上司，无论是在他的咨询生涯还是投资信托生涯中，都发挥出了一流的工作水准。无论别人问他什么问题，他都能迅速从书架上取出资料，翻至相关的那一页，进行说明。即使那是20年前的项目，他也能以令人吃惊的速度抽取出相关资料，告诉你："啊，那个项目的话，在这里有记录……"

由此可见，整理整顿深刻影响着一个人的信息调查能力，并极大程度上左右着他与周围人的工作效率。

如果你的资料、文件夹都整理得井井有条，那么你和别人的工作交接就会变得轻松无比，你也能够迅速应对别人的提问。

从结果来看，与你相关的所有人都不必花费非生产性时间去"寻找哪份资料"、思考"文件放在了哪里"，从而大大节约了团队整体资源，明显提高了团队效率。

认真进行整理整顿，不仅可提升周围人工作时间中的"战略性时间比率"（即花费在重要正事上的时间比率），也有助于提高自身、他人与整个公司的效率。

14. 【迷你专栏】
二流精英故意制造"当局者清，旁观者迷"的混沌状态

整理整顿是为了自己，更是为了团队

一流人才对资料进行整理整顿，不仅是为了"与己方便"，也是为了"与人方便"，为了提高团队整体效率。二流人才则恰恰相反，他们有一套独特的整理方法，让自己得心应手的同时，让别人无从插手。他们以此筑起铜墙铁壁，谨防他人入侵"自己的工作领域"。

他们经手整理的资料，在别人看来就是一堆山一样的垃圾，他们本人却对"哪里放着什么"一清二楚，了然于胸。

我有一位澳大利亚籍的德国朋友菲利普斯（化名，30岁），他身高近两米，是位优秀的投资银行家。他就是这类人的典型代表。

菲利普斯在攻读MBA时成绩总是名列前10%，之前在欧系投资银行工作时，20来岁就迅速跻身总监（部长级别）行列。就是

这样一个工作出色、平步青云的人才，办公桌脏乱差的程度真可谓惨不忍睹。

他的存在就像是一个例外，让人抱有"不能整理整顿的人，也能工作得很出众"的侥幸。不过用他本人的话来说："别看乱成这样，哪里有什么，我最清楚不过了。"因此他似乎做到了实质上的整理整顿。

加之离开了他，谁都无法从那片混乱中找到所需信息，这反而提升了他在公司的重要性，造就了他"不可或缺"的价值。

除了菲利普斯一例，我还见过其他好几个类似的人物。例如我的另一位友人藤田先生（化名，49岁），他就职于某外资混合联合企业。他也习惯于将资料、数据用常人难以理解的文件夹名称进行分类，以至于自己一旦被解雇，他负责的所有工作都将面临全面停摆。因为不通过保存文件的他，别人可能一辈子都找不到所需数据。他通过这样的方法，确保了自己在公司里的"战略性地位"。

虽说这只能算是二流人才的行径，但15年来，藤田先生的确是通过上述行为没有失去过一份工作，在激烈的生存竞争中，保持着自己的优势地位。

我想，此时此刻的藤田先生应该还在东京都内的某高层写字楼的一角，将重要的客户信息归类到令人费解的文件夹中，存放于电脑的某个莫名其妙的角落后，嘴角默默露出一丝不易察觉的诡笑吧！

15.

【二流】决定职场命运的，并非高智商，而是好性格？

构建和谐人际关系的能力，远比学历、智商重要得多

世上有这样一类人，在职场中仅凭"讨喜"的性格，就确保了自己在竞争中处于最优势地位。

他们既没有秒回邮件的习惯，做笔记也只是走走过场，记下的笔记内容通常漏洞百出。至于整理能力，可以说几乎为零，甚至是负数，经常弄丢各类资料，制作的资料内容也是乱七八糟。

这类人简直具备了工作能力低下的所有典型特征，却依然能够在晋升的道路上高歌猛进。究其原因，只有一个——他们将"讨喜"这一点发挥得淋漓尽致。

例如，某大型外资咨询公司的高级管理层中有一位安田先生（化名，48岁），就以劳动付出之少、工作表现之平庸、对公司贡献率之低而闻名全公司。

关于此事，我特地询问过恰巧在该公司工作的友人，结果她也无比感慨道："这位安田先生，既不负责对外的新项目开拓，

也不负责对内的上传下达，不过就是和谁都关系要好，奖金也因此远远高于我们的预料。"

像这样的"老好人"，总是以和为贵，协调性极高。他们从来不会跟谁据理力争，或者说本来就没有自己的主张，因此他们跟谁都能和平相处，很少被人视为"眼中钉"。

也正因为和谁都关系不错，说得上话，他们偶尔会被派去协调公司内部人际关系，并在不知不觉中，在公司各处建立起自己强大可靠的人际渠道。

我们对他人的评价，并不完全忠于客观事实，而更多地由主观情感决定。只要这一心理现象存在，一个人是否被公认为"好人"，就成了他能否在职业生涯中很快出人头地的关键因素。

阿德勒心理学也表明，人在对事物进行认知时，会无意识地根据自身想要达到的目的，对信息进行取舍。因此，**别人一旦中意于你，就会不断在内心列举"你很棒"的理由。相反，别人一旦讨厌你，同样会一直寻找"你的表现糟透了"的理由，并会在公司评定中对你加以贬低。**

❖ 学历、工作技能都难敌"好人"性格

反过来说，如果本身不是一个"好人"，那么即使他按照本书的内容，践行各类一流心得，也不会有人主动过去支持他、提携他，更不会有任何机会从天而降。

头脑聪明、工作出众，却在公司备受冷遇的人，归根结底，是因为他们大多是个"令人讨厌的家伙"。这样的人，经常会被部下伺机拖后腿，会遭到同事们的排挤，最后甚至会被上司开除。

而一个"好人"，同时也极有可能是一个"好运的人"。这里所说的"运"，绝不是指怪力乱神的超自然现象，而是正如字

面所示，指的是"运转至眼前的好机会"。那么，**愿意为我们将"好运"搬运至眼前的，只能是那些喜欢我们、与我们保持良好和谐关系的人。**

　　"好运的人"总的来说相对放松、正面、开朗，常带笑容，能够给周围人带来幸福的感觉。正因为具备这些可爱之处，才会有各种各样的人为他们"搬运"来各种不同的机会。

　　哈佛大学曾有研究长期追踪毕业生的职业生涯及薪金待遇。结果发现，智商150与智商110的毕业生的年收入，并不存在必然性的差别。然而，**能与周围构建温暖、融洽人际关系的人，远远比不具备该能力的人升迁得快。**看看自己身边的人，我也对此观点深表赞同。

　　无论多么聪明的头脑、多么高的学历与技能，都抵不过一个"好人"性格。

　　最后，我想再次强调，能不能做一个"好人"，在任何行业、任何职业阶段都至关重要。

❖ 第一章要点

邮件的写法

1. 收到邮件后，大喊一声"飒！"，迅速回信［→ P006］
你收到邮件后秒回了吗？回邮件的速度是"能做的工作，立即着手"这一工作态度的象征。

2. 将臃肿繁复的邮件送进 RIZAP 瘦身馆［→ P009］
你的邮件是不是太长了？简洁的邮件是"高效的沟通能力"的象征。

笔记的记法

3. 用一份"滴水不漏的笔记"，让众议院全体会议的速记员都为之震惊［→ P013］
你的笔记够完美吗？毫无遗漏的笔记，是"无懈可击的注意力、责任感"的体现。

4. 打造"雄伟的金字塔结构"笔记，让胡夫法老、吉村教授都大吃一惊［→ P017］
你的笔记结构分明吗？一份笔记的结构，是"逻辑性思维能力"的体现。

5. 会议上不做"白马王子"，变身"白板王子"［→ P020］
你有能力整合一场会议的讨论吗？将讨论可视化，集思广益，融会贯通，是知性领导者的基本能力。

资料的做法

6. 做资料时追求"简约而不简单"，让史蒂夫·乔布斯也为之愕然［→ P023］
你做的资料，能概括为一页纸吗？请注意简洁地归纳资料的结构和全貌。

7. 资料的细节之处，栖宿着上帝、佛祖或象头神［→ P026］

你做的资料，堪称完美吗？为小失误感到极大的羞愧并充满责任感，有助于提高一切工作的完成度。

8. 不做"麦肯锡丛书"的信奉者［→ P030］

你做的资料，迎合阅读者的喜好了吗？请不要忘记，每个人的理解方法都不同。

说话的技巧

9. 效仿奥巴马大总统，打造一副好嗓子［→ P033］

你说话的声音好听吗？声音反映人格。一流职业人士通过腹式呼吸、开放的肢体语言等，想方设法地打造一流语调。

10. 不要单方面地持续无聊话题［→ P038］

交谈时，你时刻保持对对方的兴趣了吗？话题立足于对方的关注点了吗？请通过"积极倾听"，发掘对方需求与想法，建立双方信赖关系。

演讲报告

11. 打破所谓的框架、MECE、逻辑树理论［→ P041］

你的演讲、报告中，包含了"迫切想传达给对方的思想"了吗？与其单纯讲究演讲的形式，不如为演讲注入热情，激发听众共鸣。

12. 做擅长重复"同一话题"的国宝级艺术家［→ P045］

你厌倦自己的谈话内容了吗？请注意保持热情，不断完善、打磨"属于自己的同一话题"。

第 2 章

一流的自我管理

一流的职业道路，
始于优良的生活习惯

到了如今这个年纪，我们的智商、学历也许很难轻易改变。而有一点，从现在做起也为时不晚，不过很多人熟视无睹，那就是"自我管理"。

一流的企业管理人士，做事不会仅凭一时的心血来潮、感性冲动，生活也不会得过且过、随波逐流，他们总是在人生的各方面都高度"自律"。

相反，二流人才身上几乎不存在所谓的"自我管理"，他们往往在原始的动物精神及欲望的支配下，慵懒而享受地度过每一天。

看到别人的成功，很多人一开始就举白旗认输，示弱地表示"那个人的脑袋，天生比一般人聪敏啊""那个家伙天生就是个有钱人"等。**其实，工作能力方面的巨大差距，往往与学历、智商无关，更多地产生自后天留心养成的自我管理。**

这样的自我管理，可分为以下几项。

【时间管理】
1. 早起　2. 严格守时　3. 讲求优先顺序
【形象管理】
4. 服装
【健康管理】
5. 健康
【内在管理】
6. 压力管理
【成长管理】
7. 学习习惯

请诸位回想一下公司中非常会工作的一流商务管理人士，他们虽个个身居高层，却常常赶在普通员工之前，早早地到公司。

在时间管理方面，一流人士绝不会在早晨的会议上迟到。而二流人才就连参加每周一清晨的例会，都能不可思议地固定迟到5分钟。

这看似微不足道的5分钟，却反映出作为商务人士生活习惯上最致命的缺点——"任何事情都拖延至最后一刻才开始行动"。

接下来，我们再确认一下公司中那些受人尊敬的一流人才，他们今天的着装如何。

服装方面也可以以小见大。二流人才的衬衫永远是皱皱巴巴的，外加两肩白花花的头皮屑。脚上皮鞋的鞋底也早已磨坏，鞋面上沾满灰尘，整个又臭又脏，他们居然也能不以为意。

本来就在工作能力方面远远落后于一流人士，二流的他们在形象方面也如此完败，真有点不可救药。

这里所说的形象不仅指服装，还包括体形，这同样能够向外界传达很多此人的信息。

这是一个不便捅破的事实——极度肥胖却依然出人头地的人，在日本除了松子Deluxe（日本著名综艺主持人），我想不出第二个人。而且据松子的粉丝、我那定居加拿大的姐姐介绍，松子虽然胖，却非常注重服装、化妆方面的礼仪。

说到自我管理，就不得不谈谈健康管理。即使对白领而言，身体也是工作的本钱。

同样不容忽略的还有心理健康管理。从内心呵护的角度而言，只有善于调节压力，并坚持学习、不断提升自我素养的人，才能发挥出一流的工作水准。

本章将要介绍的各项习惯并不算新奇，都是些较为正统的内容。也许有不少人这时会表示抗议："到了这个年龄，这些习惯不用你教我也知道啊！"

即便如此，本章还是不惜篇幅地列举了这些习惯，是因为比起头脑、智商，这些**"只要有决心就能改正的习惯"，才是真正影响工作能力的因素。**

如果大家能以此为契机，纠正哪怕一项不良生活习惯，相信都可能给我们的人生带来巨大的正面影响。这比读上几百本莫名其妙的自我启发书更行之有效。

那么，让我们立刻起程，一起探究做好工作的基础——"一流的自我管理"吧！

16. 世界精英起得比公鸡还早？

早起是"自律"的象征

"喔喔喔！"

公鸡是出了名的早起动物。事实上，世上还有一种生物比公鸡起得还早——灵长目人科的世界精英们。

我所工作过的各大职场都有一个共通之处——凡是早早出人头地的上司、大人物们，都起得很早。

早起，是高度自律的象征，表明这个人善于利用一天中效率最高的时间段工作。实际上，生活习惯也可以小见大，因为**几乎没有人能每天睡到日上三竿的同时，还能收获成功人生。**

我经常在收到财政界大人物的回复邮件后，震惊地发现邮件时间居然是清晨4点钟。美国的尼克松大总统也习惯早起，并从中抽出一小时用在自己的兴趣——读书上。可见，很早就走向成功、发挥领导才能的人，都擅长早起。

读到这里，也许很多人都纳闷他们为什么不困。据我观察，大概是因为这些早起的大人物有以下几个共通点。

首先，早起的精英们几乎都不喝酒。他们没有什么夜生活，下班后就早早回家，以保证充足睡眠。清晨，到了规定的时间就准时起床，准时得让人不禁怀疑"这个人在前世不会是一只闹钟吧"，每日的生活规律健康得可怕。

他们一般言出必行，说早晨6点钟起就一定能起来，说早上跑一小时步就一定能跑完，说早上吃纳豆、喝酸奶和蔬菜汁就一定能执行。

之后，他们在固定的时间出门，到了固定的时间就用午餐，晚上尽量减少不必要的公司聚餐时间，总是在有规律的时间段回到家中。

❖ 必杀技——"清晨型人士"的秘诀

与上述精英相反，二流人士的早晨往往很痛苦，睡懒觉已成为常态，他们也不再为迟到而感到深深的罪恶。偶尔准时到公司一次，周围的人还会以为太阳从西边出来了呢。

睡懒觉其实并非小事一桩，它让人联想到其本人混乱无序的生活习惯。

他们可能几乎每晚都在与同事、朋友推杯换盏，仗着不需要姜黄保护的惊人的肝脏能力，大口大口地将大量的啤酒灌入便便大腹。

尽管医生和家人多次叮嘱"晚上9点以后，不要再吃碳水化合物了"，但他们依然在酒会后直奔拉面店，点上双人份的面，一边吃到打嗝，一边吞云吐雾。

这时已过深夜两点，喝到几乎断片的他们终于步履蹒跚地回到家中。你以为终于要休息了，结果他们又跑到阳台一边吸烟一边猛灌苏格兰威士忌，之后澡也不洗地一头倒在床上，昏厥过去似的呼呼大睡。第二天起来自然宿醉严重，脑袋一直发蒙到下午两点。面对这样的他们，你几乎无话可说。

不过，这里有一个现成的办法，可以帮助他们迅速摆脱上述不规则又堕落的生活。

直截了当地说（也许明显得不用我说，大家都知道），那就是必杀技——早起。

早起的你，会发现四周一片静谧。没有闹哄哄的电视节目，只有平静的心情和清醒的大脑，最适合读书与工作。这个时间点即使外出，也遇不到几个人；即使时值夏天，气温也不冷不热，相当舒适。

这个时候，健康意识已被唤醒的你，终于开始了慢跑或散步，说不定每天早晨都要围着皇居（日本天皇平时居住的地方）转一圈才安心呢。

那么，让我们重新下定决心，做一个早睡、熟睡、早起的人吧！

从今以后，请大家试着每天清晨5点钟起床，**不满足于做一名"早晨型人士"，而要做一名比当地日出还早的"清晨型人士"，清醒地迈向崭新的人生吧！**

今后，面对"鸡早还是鸡蛋早"这一哲学问题，你可以大声地告诉对方："世界精英比鸡和鸡蛋都早！"相信对方一定会被这个意外的答案震惊得哑口无言吧！

17. 【迷你专栏】
在睡眠时间内，胜过比尔·盖茨？！
注重睡眠质量

要想早起，必须早睡。因此，我们必须毫不犹豫地拒绝泛泛之交的那些关于酒会、生日聚会的无聊邀请，早早回家以保证睡眠时间。

同时，在这里我想特别强调一下，寝具对于熟睡的重要性。这看似题外话，却是本节的主题。

在我看来，即使破费一番，也应该选择适合自己的优质寝具。如果让常爱更换床垫的我推荐，我会首选美国舒达公司（Serta）的Superior Day（超级日）床垫。

如果你喜欢偏硬、支撑力较强的床垫，那么日本床垫Silkypocket（丝绸口袋）的质量也不错。丝涟（Sealy）的Rondo Ⅲ（回旋曲Ⅲ）也是值得考虑的精品。

另外，日本的传统品牌FRANCEBED（法国床）推出了价位在10万日元左右的"Life Treatment 700"（善待生活700）系列，其中的硬式床垫简直物超所值，值得一试。

当然，也有部分床垫制造商与大型流通公司合作，强行推出了100万日元以上的超高价位产品。不过值得注意的是，这些产品贵在商家利润部分，就质量而言，与15万日元左右的产品并无太大差别。

睡眠不仅占据了我们人生三分之一的时间，而且极大影响了剩余的三分之二清醒时间内的效率。因此，为保证十二分高质量睡眠，我们不该吝惜寝具方面的投资。

也可以说，"清醒时间内的贫富差距"很难跨越，"睡眠时间内的贫富鸿沟"却可以轻松填补。

理由是，寝具的价位一旦超出40万日元，在舒适度上相差无几。因此，在占据人生三分之一的睡眠时间内，我们比较容易获得最高水准的生活。

仅就睡眠时间而言，我们只需花费40万日元，即可享受与比尔·盖茨、马克·扎克伯格几乎同等品质的生活。

那么，让我们快快备齐舒适寝具，至少在睡眠时间范围内，迅速缩小贫富差距。这样的速度，即使是著名经济学家托马斯·皮凯蒂也会为之大吃一惊吧！

在舒适无比的床上香甜入睡的你，这一时刻也未必输给大富豪沃伦·巴菲特或是孙正义吧！

严格守时

18. 不守时的人，不必奢谈团队协作
严守见面时间与工作期限

"武贵，看来你已经完全不在乎自己的职业生涯了吧……"

这是我刚匆匆走进设置在新加坡某酒店的某重要会议会场时，与我关系不错的一位中国籍美国女同事对我说的一句话。那场会议有且只有我一人迟到，足足迟到了两小时，在会议快结束时才火急火燎地赶到。

那一天，我一睁开眼睛，就惊觉四周明亮得晃眼。

"嗯？太奇怪了。我今天不应该早晨6点钟就起床，然后前往香格里拉酒店参加会议吗……"

一看闹钟，不由得惊叫起来——会议已经开始将近两小时了！

拿起手机，只见同事、上司、秘书打来的未接来电足足有十条之多，几乎每5分钟他们就联系我一次。

啊呀，坏了！这下我的职业生涯可算是砸了。我那本来可能前

途无限的职业生涯，看来在不久的将来就要画上遗憾的句号了……

由此可见，在竞争激烈的国际商务环境中，**白白荒废人生的最佳"捷径"就是满不在乎地在各种会面中迟到以及不遵守工作最后期限。**

有同等效果的行为还包括：晚于电话会议约定时间15分钟才呼叫对方，错过提交资料、回复邮件的最后期限，等等。这些让别人久等的行为，很有可能被解读为"不尊重对方的时间，不尊重与对方的约定"。

一流人才首先绝对不会迟到。同时，对待任何工作，比起按时完成，他们更愿意从容不迫地提前完成。因为让对方等待，等于浪费他人时间，也象征着不自律、无责任感。

迟到，可以说是商务人士最该为之羞愧的行为之一。对迟到丧失了羞耻心本身就有悖于基本的专业精神。

一个人是否迟到，如实地反映了他整体的工作态度。

总是提前到达会场的人，大都工作日程安排得当，严守各项最后期限。

而且，"总是准时到场"这一行为，不仅意味着"这个人提前了10分钟到达会场"，还能获得周围人"这个人对待约定时间、工作都毫不含糊"的好评。

反过来说，**只要迟到哪怕一分钟，就会给客户及周围人留下强烈的负面印象，让大家认为你是个"对待时间、工作都拖拉懒散的人"**。

迟到，不仅会造成工作进度上的物理性停滞，更会给这个人整体的工作能力带来毁灭性的恶劣评价。

❖ 不遵守最后期限的人，不必奢谈团队协作

反复的迟到行为，意味着这个人在各方面都缺乏责任感。

如果他从事的是可独立完成的工作，也许就不需要对最后期限特别敏感。因为，受影响的只有他自己一人。

但是，如果和团队一起工作却不遵守约定的时间，那么只会导致大部分工作失败。

一个人的迟到或工作延迟，会造成团队整体工作陷入停滞，同时影响其他成员的士气。

然而，可怕的是，这些爱迟到的当事人并不能察觉到团队成员的怒气。同样令人吃惊的是，他们也不会立刻反省，通过接下来的努力工作来扳回一局。他们的心实在太大了，还会反过来要求团队

大幅延长最后期限。而且，他们不但没有尽到自己的职责，还总是给团队提供各种可有可无的、莫名其妙的"垃圾参考信息"。

遵守约定的时间，是尊重他人的体现，也是参与团队工作的最基本条件。

那么，让我们大喊三声"我再也不迟到了！！"，并将"严格守时"作为自己的座右铭，当然也可以搬到公司附近居住。总之，我们能够做出的努力还有很多。

如果你已经住在公司附近，却还是迟到，我只能建议你搬到公司隔壁，做"公司与家距离最近"的人吧！

另外，能够珍惜他人的时间，也从侧面印证了自身人生的充实。因为不认真生活的人，是不会珍惜自己的时间的，自然也不会感觉到别人时间的宝贵。

19. 时间分配导致工作差距

确定工作的优先度，放下轻松事项，优先处理该做的事项

"武贵，你要时常问问自己：'此时此刻，我为什么会在这里，在做这项工作？'"

这是以前的一位我非常敬重的上司谈起职业心得时经常对我说的一句话。

这位上司可以说是日本金融界的重要人物，多年的奋斗使他求仁得仁，职业生涯已达业界巅峰。谈到自身工作术的基本时，他说道："我认为，时间分配（time allocation）才是超一流职业人士的基本。"

再聪明、优秀的人，拥有的时间和别人也是一样的，因此，如何实现最优化的时间分配，成为胜负的关键。优秀人才往往注意力高度集中，当他们会聚于竞争激烈的行业时，如何高效使用有限的时间、如何决定工作的优先度、如何进行合理的时间分

配，决定了他们工作表现的差异。

在无限的"该做的工作"中，为哪项工作安排怎样的优先度、为什么这样安排，变得至关重要。

通过恰当的判断，有核心、有重点地进行合理的时间分配，其重要性不亚于将有限的资金进行理性投资，以实现价值最大化的资金分配。

❖ 你是否沉迷于轻松的"虚拟劳动"？

不得不承认，人是一种很容易倾向于简单事物的弱小生物。

一不小心，我们就很容易在不知算是工作还是游戏的所谓的"工作"上花费宝贵的时间。以销售为例，很多销售人士爱花大量的时间去和那些熟悉得像朋友一般，但未必存在合作可能的客户开会、应酬，将公司的收益抛诸脑后。

结果，很多情况下，他们虽然"总是很忙"，但该做的事情都没做，却在无关紧要又相当耗时的"虚拟劳动"上，花费大量的时间。

我们不能只做自己擅长的业务，还必须站在上司、公司乃至客户这样更高一层的角度，多考虑"自己该做的事情"。

　　另外，应该也有一部分人认为"长期计划什么的都没有意义，最重要的是尽全力快速处理好眼前的工作"。

　　然而，一流人士即使在百忙之中，也会有意无意地安排好事情的优先顺序，再立即着手处理。并且，划分好优先顺序后，他们能毫不拖延地立即进入工作状态。

　　而那些令人头疼的二流人士，也会安排优先顺序，之后却始终不见他们着手工作，最终导致优先度相当高的课题堆积如山。希望大家引以为戒，一定不要成为这样的人。

"此时此刻，我为什么会在这里、在做这项工作？"

　　对这一时间分配自问问题的回答，以及决不拖延的执行能力，与工作的效率密切相关。

20. 人靠衣装马靠鞍，精英更是如此？

着装 TPO 原则很重要

"你穿的这双鞋和身上的西服不搭，去换双配正装穿的鞋子吧。还有衬衫上的褶皱太显眼了，一定要拿去干洗店熨平。"

这是我大学毕业后刚进公司时，刚取得MBA学位的副经理提醒我的着装注意事项。

当时的我对这些指摘很排斥，心想"穿成这样，不是挺好的吗"。15年转眼过去了，如今的我再次想起那位副经理前辈当时苦口婆心的劝说，深感他说的着装要领太重要了。

我所遇见的一流职业人士，都严格遵循着装的TPO（即时间、地点、目的）原则，非常注重服装时尚。我身边的确还有人甚至专门聘请了整体形象顾问，虽然我个人觉得倒也不必做到那种程度。

在公司内的办公时间，只见这位人士身穿细条纹西装（当然是杰尼亚等高级定制品牌），系着爱马仕或宝格丽等质地上乘的领带，更不用说上衣的胸前口袋中还露出洁白的方巾一角。

相比之下，二流人才总是"擅长"通过自己的着装，给他人制造不愉快。

明明没有人乐意欣赏他的胸毛，他还非要敞开衬衫的前两颗扣子。明明是只有自己人参加的同学聚会，也不知是出于怎样的情结，人家偏要全身裹满爱马仕闪亮登场。

着装体现了你的自我认知程度，体现了你"是否能客观地看待自己"，同时也大大左右着你重要的个人品牌形象。

就在前几日，我与在韩国某大型外资咨询公司工作的友人一起讨论公司合伙人层面（公司经营者）人才的共通之处。朋友列举了其中一个特征：能够早早出人头地的人，头脑聪明自不必说，他们知道自己适合什么，着装帅气潇洒。他们重视的不是当下流行，而是适合自己的东西，因此他们出现在任何客户面前，都不会因外在形象令公司蒙羞。

说起个人品牌形象，这似乎与名牌产品销售时，总是不惜重金地使用昂贵的包装盒、包装袋，打造"商品的高级感"是同一道理。

如果你去买宝格丽的领带，店员会先把商品用精美的盒子或包装纸包好，然后放进袋子中，最后还在袋子上系上一只漂亮的蝴蝶结。这样一来，商品散发的高级光芒，自然比之前强烈了好几倍。个人品牌形象也是同一原理。

而同一款蒂芙尼钻戒，一旦被放入唐吉诃德大卖场（日本著名廉价百货商店），瞬间就会散发出无比廉价的感觉。

❖ 一件适合自己的东西，一流人士为何能坚持用很久？

顺便说一下，成功的一流商务人士，并不会在服装方面胡乱地一掷千金，而是严格挑选适合自己的、高品质的好东西，并在接下来的10年甚至20年里一直使用。

这一点，与买了一堆不适合自己的名牌商品又四处乱扔的人截然不同。

选择适合自己的东西，并坚持使用很久，这是同样重视长期人际关系的一流人士所共通的行为模式。亲爱的读者朋友们，下次去买西装、皮鞋、皮包时，请慎重挑选20年后也照样可以使用的高档耐用品吧！

另外，这里还暗含着一条信息：在10年的漫长岁月中，他们还能维持住体重和身材，穿得上同一件衣服，可见其本人自律性之高。

21. 【迷你专栏】
出席正式的宴会，着装竟是一场较量？

世界精英们对变装之热衷，简直到了令人惊叹的程度。

即使是举行一场普通的宴会，他们也要定个主题，要求你届时穿上合适的服装参加。他们在变装上所花费的热情与金钱更令人咂舌。我在法国的INSEAD（欧洲工商管理学院）留学期间，就非常佩服他们出席宴会的频率以及对变装的热忱。因为有时即使只是去教室上课，他们也会心血来潮地全员变装。

到了夏天，他们甚至会租借拿破仑的豪华离宫——枫丹白露宫——举行所谓的夏日舞会。在那里，大家都纷纷换上完美的无尾半正式晚礼服或宴会连衣裙，暗自较量着换装水平。

这种情况下，只有像我这样来自社交宴会极少的国家的人，才会懒得专门去买无尾礼服，心想"这件西装也很贵的啊"，然后一身商务西装就闯了进去。结果，在着装隆重的世界精英的包围、映衬下，那身西装显得寒酸至极。擦肩而过的友人都会不约而同

地问"你怎么没穿无尾礼服啊？"，场面一时相当尴尬与窘迫。

再打量打量平日里几乎只穿休闲牛仔裤配老土毛衣的同学们，突然在宴会上装扮起来，那变化、那落差之大，着实让人目瞪口呆。人们装扮上最正式的服装以后，彼此之间很容易展开一场个人气场的较量。

每次举行这类宴会，总会毫无悬念地有新情侣诞生。不过见识到了他们大变身的装扮后，我非常理解这种速配现象的产生。

世界精英们在宴会上的着装大战，简直像求偶期的孔雀展开它们漂亮的羽毛一较高下。

今后受邀参加社交聚会、假面舞会或是友人的结婚典礼时，请将自己想象成世界上最华丽、最硕大的孔雀吧！然后精心选择能够让自己气场全开的无尾礼服，拿出比工作时更强的斗志盛装出场吧！

接下来的可能是题外话：关于宴会着装是否可以选择吊带裤，我认为因人而异。

如果你拥有模特一般的体形，且兼具知性气质，那么放心地穿上吊带裤吧，一定能像电影《华尔街》中的查理·辛一般赏心悦目。

不过如果是像我这样胖墩墩的东洋人穿上的话，就会变得一团糟，非但不像来自《华尔街》的人，简直瞬间变身为"胖得系不上腰带的大叔"。这一点请大家一定要注意。

22. 不为虚荣心与周围评价所惑

购物标准，体现有无独立性

"他的手表，看上去真廉价啊。还有，车也破破烂烂的呢……"

上文说到，越是一流的商务人士，越注重自己的仪表。不过其中也有一部分人，虽然在西装及皮鞋上不惜花重金，但佩戴的手表、开的车非常陈旧，甚至破旧。

其实，他们是有意而为之——故意佩戴不值钱的手表，开低

价位的车，而在其他部分都做得无懈可击。这样反而形成了一种技术含量超高的"减法"效应，更加突显出本人的率性潇洒。

试想一下，如果全身都裹满香奈儿、普拉达，是不是反而显得过于用力而俗气？相比之下，"故意减掉一部分"以突显整体的帅气，则是一种极为高明的手法。

我所尊敬的公司的资深前辈们中，就有人说什么也不愿意换新手机。

这位前辈正在使用的，是一只连彩屏都没有的翻盖手机，古老得简直像侏罗纪或是白垩纪时期发售的产品。即便如此，他依然很"专情"地使用着它。

那只手机尺寸大得惊人，古老程度真可谓"手机界的侏罗纪迷惑龙"，就连按键上的数字也早已悉数剥落，不过令人吃惊的

是还能发出声响，奇迹般地也能拨打、接听电话。

　　每每看到那个古老的稀缺品种，我总是忍不住想："难道不该立刻把这只翻盖手机送进大英博物馆参展吗？"而这位前辈丝毫没有换掉它的打算。

　　我询问他为什么，他的回答是："我的手机只用来拨打、接听电话，没有必要浪费新资源。"这一理由颇具个人哲学色彩。如此忠于自己的价值观和判断标准生活，难道不是一种令人起敬的人生策略吗？

　　特别是在手机方面，如今大部分人在手机完全还能用的情况下，甚至刚买了新智能手机，功能还没用熟练的情况下，就急着"更新换代"。这多半是受到了各通信公司的营销策略的影响，以及迫不及待地想"集齐新机型"这一追赶风潮的心理的蛊惑。

　　大部分手机用户尽管高价买来了高配置手机，买来了里面满满当当不怎么使用的新功能，实际使用的却只有电话、邮件、LINE和FACEBOOK（二者均为社交软件）这少数几项而已。相比之下，前辈的"购物行为中体现的独立性、价值判断标准以及行动力的差别"，令我感受到了自主、自尊的美学。

❖ 做平民区的沃伦·巴菲特！
——购物方式体现"独立性"

接下来出场的这位前辈年薪高达数亿日元，而私家车竟然是一辆二手的本田思域。

我想这与上文中的破旧翻盖手机异曲同工——对于"车"这一物件，车主并没有追求虚荣与奢华，只是将它作为代步工具，选择了较为廉价的经济款。

另外，明明是超级有钱人，却甘愿坐破车的，还有世界上数一数二的大投资家沃伦·巴菲特。我想这也意味着巴菲特"低成本、高收益"的价值投资哲学早已渗透到生活中的方方面面了吧。

当然，这并不是在说一直使用破手机、一直坐二手车就是一流的证明。

重点在于，他们没有受"周围人都想要""其他投资家都在买入、都在卖出"这样的环境影响而随波逐流，而是选择不论周围人怎么想，不论其他投资家怎么做，我都基于自身的价值观做出独立性判断。

这些亿万富翁都不为环境的喧嚣、浮躁所惑，默默地选择对自己而言必要的产品功能，并坚持使用到产品寿命终结。他们拥有坚定的金钱观，能够做到"无论我有多少钱，都不会在自己不认同的事物上花费一分一厘"。从中，我们可以感受到他们对于自身价值标准以及自身判断所持有的平和的气度与自信。

那么，让我们也奋起对抗周围嘈杂的"声音"吧。

让我们努力成为平民区的沃伦・巴菲特，不论周围怎么说，都按照自我标准，选择对自己而言真正实惠的产品，并坚持使用到产品寿命耗尽吧！

因为不论投资、购物还是人生，重要的不是一味模仿他人，而是通过自己的内心做出判断。

23. 【迷你专栏】
自己不认同的花费，一分钱也拒绝支付？

"不为不必要的高配置买单"这一严格的金钱观，与消费金额多少无关，是众多一流职业人士的共通之处。

前几天在印度，我与一位奥地利友人及一位身高近两米的澳大利亚友人——都是相当富裕的阶层——一同前往咖喱餐厅用午餐。

别看他们住着五星级豪华酒店，面对出租车司机不使用计价器、收费100卢比（相当于200日元左右）的提议时，他们当即断然拒绝，然后下车一个劲地寻找愿意按计价器收费（大概要50卢比）的出租车。尽管只相差微乎其微的100日元，但他们"对不认同的费用坚决不买单"这一执念非常强烈。

在咖喱餐厅也是如此。那天我碰巧没带卢比现金，于是请那位澳大利亚友人先帮我垫付，之后我表示"会多还你一点新加坡元"。没想到对方却表示"我平时又不用新加坡元",非常顽固地拒绝帮助我。

他可是就职于相当富有的欧系投资银行的顶尖精英,怎料在金钱方面却惊人地不妥协。

其实,这些事例都体现了一个共同特征:**唯有工作出色又有钱的人,才会在金钱方面锱铢必较。**

与之相反,那些头脑聪明却爱四处请客的人,即使在短期内能维持虚荣的"体面",但长期下来大部分人都会破绽百出。

在我的历任老板中,有一位美国精英,拥有数十亿日元资产,却同样在经费控制上严格得可怕。例如因公出差时,如果飞行里程只有数小时,那么即便是身为经营者的他,也只能选择经济舱,选择时还需要秘书提供多家航空公司的报价进行对比。住宿方面也很严格,还在公司建立了宴请标准超过200美元/人时需要提前申请的客户接待制度。

不过也正因如此,他得到了众多投资家的高度认可和评价,被认为"绝不铺张浪费""**对待他人钱财,像对待自己的一样严谨、慎重**"。同时,他在任何交涉中从不会做出笨拙的让步,这为他赢得了客户的信任,让他们相信"与这个人合作,绝不会出现资金浪费"。

　　当然，从人性、友谊的角度而言，懂得随机应变、难得糊涂的人似乎更容易交往。然而涉及严肃的投资营利问题时，事实上，上文中那些为人吝啬，却对待金钱一丝不苟的人，才更值得托付，不会出错。

　　不过，请大家一定要注意：如果做不到"好钢用在刀刃上"，做不到该分配收益的时候与人公平共享，这样的人充其量不过是一只唯利是图的"铁公鸡"。

24. 两个月减掉 20 公斤，减肥理该如此

体重管理是"自制力"的象征

"这位客人，非常抱歉，由于您不能系上安全带，所以无法乘坐此飞车。真的很抱歉，可以请您离开吗……"

这简直是我人生中最为耻辱的一瞬间。

事情发生在很久以前我去首尔的乐天世界游乐场游玩时。当时我的体重正值3位数（公斤）的巅峰。在登上云霄飞车前，我排了好久的队才轮到，结果却被工作人员抱歉地告知，因为安全带的长度不够，我无法乘坐这个游乐设施。

我有些气急败坏，强词夺理道："我都排这么久的队了，凭什么不让我坐！我才不需要什么安全带！"于是，只见3名工作人员一边喊着 "一、二！"的号子，一边同时拼命地用力，总算把安全带塞进了皮带扣。我为大幅延误了飞车运行时间而感到羞

愧，同时腹部被安全带勒得要命，不由得憋得满脸通红。

在调整安全带的时间里，我似乎感受到了来自四面八方的冰冷的视线，冷漠而轻蔑，仿佛都在说：胖子就别来坐云霄飞车了，有病！

这件事成为我反思身材的契机，同时令我痛感"再不减肥，我在这世上的处境可能会很艰难……"（顺便说句题外话，云霄飞车有身高限制却没有体重、腰围限制，这难道不奇怪吗？这真是个意外的盲点）。

❖ 成功人士中，很少有人大腹便便

为什么需要减肥？

相信理由不言而喻——**体重管理是自制力的象征。**

大家应该都听说过那个著名的棉花糖实验吧？

在该试验中，美国研究学者沃尔特·米歇尔给了4岁左右的孩子们每人一颗棉花糖，并告诉他们，如果等待15分钟以后再吃，就能再得到一颗棉花糖。

结果，一部分孩子坚持忍耐，得到了较多的棉花糖。也有孩子明知多等一会儿就可以获得更多点心，但还是没能招架住诱惑。

之后，该研究组对能够忍耐的孩子和放弃忍耐的孩子都进行了人生发展追踪。他们发现，这两组孩子在之后的学习能力、职业以及收入方面都产生了巨大的差异。乍看之下，这似乎是个大可一笑置之的"孩子嘴馋"问题，但其实是一个象征着影响人生整体发展的"自制力"问题。

能否做到"延迟满足"，体现了一个人是否具备拒绝眼前利益、选择长远利益的自制力。

正如本章开头所述，大腹便便却大获成功、成为一流职业人士的人几乎不存在。真正的一流职业人士，即使上了年纪，也能够将体形维持得如20来岁一般年轻，让人不禁怀疑"这个人都不会变老、死去的吗？"。

是否肥胖臃肿，这并不只是一个单纯的体重问题，除了生病这一不得已的特殊情况以外。**这还是一个关系到"是否值得信赖"的问题，体现出此人是否具备健康管理的自制力。**

25. 一流人才脑力超群，身体更是强于一般人？

健康才是意识、动力、思考、行动的基础

"呼哧……呼哧……"

某次电话会议的整个过程中，我们一直都能听到以上粗重而辛苦的呼吸声。不必惊奇，这是新先生（化名，33岁）在一边参加马拉松长跑，一边和我们开电话会议呢。

这位新先生已将身体脂肪率控制在8%以下，体形也几乎完美得可以立即参加奥运会。不过据我所知，爱好运动的可不止他一人。

在我工作过的各国职场中，同事们跑起步来，个个都速度快、耐力强，跑多少公里都不累，不禁让人觉得"如果他们没选择国际商务而投身运动界，一定能超越尤塞恩·博尔特"。

我以前的同事们中，有很多人喜欢马拉松、网球这类正统运动，还有人热衷于铁人三项、自行车竞技等耐力型艰苦运动，甚至还有不少人对极真空手道、武术太极拳、泰国拳击、摔角等凶猛的搏斗运动相当沉迷。

    一说起"名牌大学毕业、就职于名企的精英一族",大家很可能联想到脸色苍白的御宅族形象。不过我在海外共事过的同事们,很多都肌肉发达,似乎能立刻前去WWE(美国最大职业摔角联盟)参加角逐一般。他们都挺富有,要是有谁因此想恐吓勒索他们,十有八九会反被教训一顿。

    他们对运动之热衷,早已完全超出了维持健康的初衷,超出了发展兴趣的程度。

    越是一流人才,越是做任何事情都坚忍、彻底。就连出于兴趣而开始的运动,他们都能在不知不觉中练习到一般运动员都难以企及的高度。

　　另外值得一提的是，热衷于运动的人，往往非常注意所有运动的基础——走路的姿势。出身于首尔大学医学部，现已拥有自己的诊所的姜医师（化名，60岁），每次见到我，都会热情地为我讲解，缩小双腿及双脚间距、迈小步、走直线究竟有怎样的好处，并强调如果走路时注意尽力向后伸展胳膊，同时挺胸收腹，效果更佳。

　　我还认识一位从东京大学医学部毕业的河合先生（化名，35岁），他正忙于四处演讲、宣传，告诉大家端正姿势、保持视线不下垂的"正确坐姿"的重要性。似乎从最高学府的医学院毕业后，走和坐都成了他们生活中极其重要的事情。

　　于是，在这些人面前，我连走路、坐下都无法随心所欲了。不过颇有意思的是，很多商务人士都特意拜访这样的医师，认真学习正确的"走姿""坐姿"。

　　接下来的可能是题外话：如果在义务教育期间，学校的体育课不是用来学习具有特定目的的接、传球或篮球，而是安排学生们学习正确的"走姿""坐姿"，保证学生能够完全掌握这两项影响一生健康的基本运动，相信能大幅延长社会的平均寿命吧！

　　养成正确运动、努力运动习惯的人，工作表现也极有可能随之提高。因为，**运动是自律、集中力以及耐力的体现，也是提高**

工作效率所必需的健康投资。

其实，大家都在拼命地试图提高大脑性能，这才导致彼此之间的脑力差距并不大。如果"反其道而行之"，努力锻炼大脑的物理基础——肉体，应该会取得意想不到的成效。

26. 预设"缓压准备金"

成就斐然的人，通常抗压性很强

"都怪那个糊涂上司，我都快被气疯了！"

"部下的表现实在太差劲了，公司的业绩因为他们的无能一落千丈！"

"真是受够了你的任性！我们分手吧！"

我们的日常生活中，总是充斥着各种愤怒的情绪，小至闷闷不乐，大至暴跳如雷。

然而，如果一遇事，我们就脾气火暴，撸起袖子表示"不干了，辞职！""分手吧，大不了另觅新欢！"，我们将永远无法进步。因为即使我们真的实现了那些狠话，从结果来看，我们在新的公司、与新的恋人依然会不断重复类似的问题。

话说回来，面对胡乱指挥的上司、拖拖拉拉交不出靠谱资料的部下、避谈自身问题只对别人乱发脾气的恋人，大概没有人不会深感挫败吧。

那么，怎样才能在这人际关系的重重压力之下，做到不气馁，保持积极乐观呢？

直截了当地说，这个解决方法便是预设"缓压准备金"。

所谓"准备金"，例如银行的"呆账准备金"，可理解为某银行在借给某客户1万日元时，就已经提前做好了"这1万日元中的2000日元可能收不回来"的心理准备，并在当时就将这2000日元作为损失进行处理。

因此，即使两年后真的只收回8000日元，银行也会把那2000日元的损失视作并未发生。理由是早在两年前，他们已经做好了承担这笔损失的心理准备与相关处理。这就是"准备金"所蕴含的思考方式。

❖ 从最初就做好心理准备，"反正总有 30% 令人摸不着头脑"

同样，为减轻人际关系带来的压力，预设"缓压准备金"很重要。

虽说时刻力求完美是一流职业人士的本分，但事实上，也有很多事情并不是仅凭我们自身的努力就能控制的。因此，为了与这个蛮不讲理的现实社会达成妥协，我们有必要采取措施应对压力，找到内心与外界的平衡。

那么在接受上司的指示时，请一开始就做好"反正上司的指示中，总有30%令人摸不着头脑，真气人"的心理准备；在向部下下达指示时，也请最初就想到"反正部下总会忽视其中30%的指示，即使勉强全部执行了，估计也有30%的成果惨不忍睹"。

与恋人相处时也一样，请事先告诉自己"反正对方总会因为各种乱七八糟的不正当理由，拿人当出气筒，却对自身的问题一概视而不见，只会乱发脾气"。

如上所述，**预设"缓压准备金"，将大大有助于我们在职场及生活中发生的不愉快面前，保持若无其事、心平气和。**

总而言之，请在最初阶段就预想到事情有可能朝不愉快的方向发展。这样，即使部下的工作、恋人的行为很过分，你也能避免被暴怒的台风直接袭击，保证身处台风眼中冷静渡过危机。

❖ 学会与压力和平相处

—— "痛苦乃人生常态"，及时醒悟便是成功？

幸运的是，关于如何与压力相处，世上已有不少先驱为我们
进行了各种各样的尝试。

我较为推荐的是斯坦福大学教授凯利·麦格尼格尔的观点。
她在宣讲视频及著作中给了"压力"一个新的解释——有压力并
不是什么坏事。而从哲学的角度而言，我更为推荐的还属佛教
教义。

我一直对任何宗教都心怀敬意，将它们视为一套哲学体系，
其中尤其认同佛教中的"诸行无常"教理。在其他主要一神教都
在追求永恒的生命时，佛祖却说："世界万有都是生灭、变化、
无常的。"人生本是艰苦的，须在苦难中寻求平安喜乐，这一教

义不正揭示了佛教的本质吗？

让我们为人生及其终点——死亡预设充足的"缓压准备金"，并转变思想，接受"人生本由各种苦难组成"这一设定，这样你将达到悟境，收获任何人都夺不走的幸福。

27. 不将压力带进新一周

"拼命工作，痛快享受"乃一流常识

"总之我只要连续两周不去跳伞，就会烦躁得没法工作。"

这是在MBB（麦肯锡公司、波士顿咨询公司、贝恩公司）其中一家公司的某东欧事务所工作（最近已离职）的加蓬（化名，33岁）常挂在嘴边的一句话。他是我留学时期的友人，身高近两米，是个健壮结实的肌肉男。

据他本人介绍，在留学前的职场中，他还处于全面指导部下的管理地位，现在却要听从比自己还年轻的上司的指示，去制作PPT图表或分析Excel数据。

每当被那个缺少人情味、实在令人尊敬不起来的经理指挥，去做怎么看都是无用功的数据分析时，加蓬总是一边脑补着自己将来某一天将这些资料摔到地上，冲上司怒喊"这样蠢的工作，你自己做去吧！"，然后愤然离职的情形，一边想方设法地保持平常心度过每一天。

其实加蓬的压力不难理解。作为低端顾问，工作中确实有不少内容就是听从比自己稍高一点的上级咨询顾问的差遣，去做毫无必要的、"为了修改而进行的修改"。

而那位上级咨询顾问的工作，也不过是听从其上级经理的命令，去做资料修改。例如，将用三行Word文字就能归纳清楚的提案内容，扩展为一份足有200页的图表丰富、图文并茂的企划报告资料，为的是让它看上去更加"高大上"。类似这样的工作，着实让加蓬深感头疼。

然而，这样的他当初之所以选择这份咨询工作，正是因为工作内容与自己完全"不对路"，让他产生了挑战的兴趣。而他能

坚持这么久，听说是因为周末总是飞到4000米的高空进行一分钟跳伞速降，以释放所有的压力。

我问他："你就没有别的可以发泄压力的兴趣了吗？"他回答道："有时还会驾驶私人飞机四处兜兜风。"看来真的只有在空中自由翱翔，才能缓解在一流咨询公司工作所承受的千斤重压。

❖ 日常压力越大，越需要非日常的兴趣？

如此说来，我的那些在所谓跨国精英企业工作、每日压力巨大的友人，确实大都倾向于通过跳伞、潜水这些相当非日常的体验，把自己从日常压力中解救出来。

我的一位胖胖的沙特阿拉伯友人（迪拜的咨询顾问），兴趣也是滑翔伞运动和驾驶私人飞机四处散心。

我本人是不敢从空中直降而下的，不过从以前就很喜欢背着水中呼吸器潜水。同行业的友人中也有不少潜水同好。

也许日常压力越大，人们越是会刻意选择非日常的活动，度过非日常的时光，以暂时地逃离现实、保持身心平衡吧。

当然我们也并非一定要从4000米的高空跳下，并非一定要潜入海底深处。不过，**拥有既远离日常工作，又能满足自身兴趣与欲望的休闲时光至关重要。**

不论是为了恢复因工作重压而几近崩溃的身心平衡，还是为了身心健全地全力投入新一周的工作，**"适合自身的压力发泄法"都是极大左右着工作效率的重要习惯。**

28. 出类拔萃的一流头脑，也爱看普通漫画

工作与人生，"玩心"很重要

"武贵，你不用勉强自己去读《金融时报》。如果我没坐在你旁边，你肯定正在拼命地撕《周刊 SPA！》的塑封袋吧？"

这是我刚入职场时，和一位十分令人尊敬的上司一起坐飞机出差，他坐在我旁边对我说的一席话。

身为业界极负盛名的传奇交易撮合顾问，他平时却也爱看《周刊青年Magazine》《周刊少年Jump》之类的漫画杂志，还有《周刊SPA！》之类的八卦杂志。

他坦言道，自己以前也觉得"成年后还在电车里看漫画的人，真的很丢脸"。不过现在这样的成年人已经很少见了，大家都在用智能手机偷偷摸摸地看。像他这样坚持捧着漫画书读的，反而变得物以稀为贵。现在他坐飞机时只要有时间，就会沉迷于

各类面向青少年的漫画，其中最喜爱的作品是《王者天下》。

我略显奉承地说道："不愧是领导，您是在通过看漫画来感知、体验整体的社会氛围呢吧！"结果他却强烈地纠正说："不不不，武贵。我只是单纯地喜欢漫画啊！"

出人意料的是，有很多像这样的一流职业人士，将兴趣时间花费在很容易被打上"低俗"标签的青少年漫画上。原以为活跃于世界舞台的一流商务人士的兴趣一定是歌剧、音乐剧鉴赏等高雅活动，其实他们业余时间都意外地在一般的漫画、游戏中度过。

相反，只有那些尴尬地混迹于一流与二流之间的"一点五流

人才"，才会埋头苦读各类所谓"高觉悟"的自我启发书。

这位上司还说："经常有人说'看漫画的人真低俗'，我觉得他们才真多管闲事呢。从业余时间看什么中，哪能看出什么工作能力高低啊！"这个地道的东京人说话的口吻真让人舒服。

顺便说一下，这位上司去KTV唱歌时，能高度还原杰尼斯事务所的偶像团体、桃色幸运草Z少女组合的整套舞蹈。表演搞笑段子时，对于那些不便说出口的桥段，他同样毫不犹豫，信手拈来。

❖ 工作时绝对集中，休息时彻底放松

我以前觉得，要想成为卓越的一流商务人士，就有义务随身携带《金融时报》《华尔街日报》之类的杂志。

然而，那些出类拔萃、成就卓越的一流人士，出人意料地在轻松自在、尽情尽兴地享受自己的业余时光。这应该就是他们追求的"张弛有道"——工作时绝对集中，休息时彻底放松吧！

面对那些一直像煞有介事，似乎在表示"像我觉悟这么高的人，才不会接触那些低俗的兴趣呢"的人，我真想拍拍他们的肩膀，对他们说：

"休闲时间里，好好地放松放松，没问题的。喂，合上你的《日经新闻》，从包里拿出一直藏着的《周刊SPA！》吧！"

学习习惯

29. 努力进化为自己的 2.0 版本
无论多忙，都要确保充足的学习时间

"你可不能永远满足于做个世界精英啊。下次见面时，让我见识一下你这个世界精英的 2.0 版本吧！"

当我在"东洋经济在线"上的连载专栏《直击世界精英！》大获好评，不由得因此飘飘然起来时，我那令人尊敬的上司既严厉又温和地对我说了上述话。

这一席话的重点在于：无论现状如何令人满意，一旦停止了追求进步，就会立刻被厌倦甚至被淘汰。时刻保持成长、保持变化很重要。

确实，每次和一流人士见面，你总会惊奇地发现，他们已在未见面期间，打磨、进化成了自己的2.0版本，也让你意识到自己与他们的差距正进一步扩大。

深受敬仰的竹中平藏教授，即使担任政府大臣，日理万机，仍保持优良的读书习惯——每天固定抽出两小时，安心静坐书桌前读书。

竹中先生当时的亲信对他做出以下评价，令人印象深刻：

"先生在大臣任期内，无论每天政务如何繁忙，都一定会抽出两小时用于学习。在这个大家成年后都几乎不再学习的浮躁环境中，先生比谁都热衷于学习，时刻保持着自身的进化与成长，今天的先生、明天的先生早已不同于昨天的他。因此，那些抓着先生的过去进行攻击的政敌，他们的如意算盘从出发点就注定会落空。"

确实，从远处仰望竹中先生，已令人油然而生高山仰止之情。而走近先生，更令人深觉其意境之高远。

相反，每次与二流人士见面，你会发现他们几乎一成不变，多见几次后就会对他们的话题感到厌倦，直至无话可聊。这些二流人士，远观时也气派得像一座座高山，你一走近却失望地发现，他们不过是极易攀登的山丘，不一会儿就登上了山顶。

❖ 人的精神年龄成长止于20岁？

人的精神年龄的自然成长，一般情况下会在20岁左右停止。

（这里所说的自然成长，指的是即使放任不管，也会自动进行的精神发育。）

然而事实上，有些人的精神年龄早在中学阶段就停止了成长，也有人到了30岁、40岁甚至50岁，精神年龄还在不断成长。这样的差距完全取决于一个人"能否做到无论自己变得多了不起，都自我警惕不能满足于现状，并养成积极进取的学习习惯"。

没有学习习惯的人，往往只能通过自己现有的、极其有限的知识和经验去参与竞争。

但由于他们没有新的积累，所以在与人相处的第1个小时内也许能够谈吐风趣，之后却无以为继。你1个月后、1年后甚至5年后再见他们，也很难感受到他们身上的半点进步。

那么，今天的我们与昨天的自己相比，又有什么变化？成长在哪里？

当然也并不是说每天都一定要产生新变化，但大家不能成为一个一直原地踏步的人，不能在1个月、半年甚至1年、10年后，还没有任何进步。

我们可以不必时刻努力进化为自己的2.0版本，但至少不要沦落为一个"什么时候相见，都看不到任何改变、成长的人"。

30. "班门弄斧"是一种能力

基础能力与综合素养很重要

> "哇！明明都是些有名的大人物，讲起话来真是乏味无聊啊……我还不如去视频网站上看一点学习讲座呢，说不定能学到更多……"

前几日，我有幸能与某国代表性的权威大人物们共同进餐。

这一行佼佼者中包括了读者朋友们人人熟知的著名记者、政府大臣级别的人物、金融界重要人物、著名大学的知名教授……他们给我的最大感受是，"超一流人士，对于自己专业以外的领域，也具有相当敏锐的洞察力"。这说明他们头脑的优越并非得益于丰富的表面知识，而源于基础性OS（操作系统）的优越，因此实用性更强，适用范围更广。

与之相反，也有不少职业人士，一旦离开自己擅长的领域，就开始前言不搭后语，水平甚至不及一般人，勉强能达到综艺节目《WideShow》这类水准。不瞒你们说，当时的餐会就有这样聊天只能局限于自身专业领域的人，很容易被瞬间看穿：看来这个人不过徒有虚名，也没什么了不起的嘛。

然而真正的一流人士，即使聊天、讨论的内容涉及各方面，他们也能够就其中任何话题游刃有余地发表自己的尖锐见解。

我想这样的差距大概取决于一个人的思考能力、沟通能力、基本品性是否一流，即此人的大脑OS是否一流。大脑OS二流或三流的人，只能在自己狂热研究过的狭隘领域，做到知识层面上的一流。

亲爱的读者朋友们，你们中一定也有不少人在某专业领域取得了不凡成就，被业界公认为"一流人才"。然而请大家务必问一问自己：这个所谓的"一流"，**是基于我整个人的品性、人格，即做人基本OS做出的评价，还是仅仅认可我在狭隘的专业领域中拥有的知识和技能？**

不断提升自我素养，打磨做人的品性，而非单一地强化特定领域的知识、技能，无论对一流政治家还是一流商务人士而言，都非常重要。

❖ 追求"人生高境界"，而非"工作高觉悟"

我有一个居住在秘鲁的朋友酷爱读书，担任过欧洲某首脑的演讲稿撰写人。他曾不无遗憾地表示，周围的咨询顾问、金融相关的友人们"虽然在自己的工作领域都有相当厉害的实务知识，却对其他领域一无所知，而且也并没有学习意识"。

确实，在被公认为精英的群体中，不少人只要跨出工作领域一步，就迅速变得见识浅薄。与这样的人能聊的只有工作，任何时候见面，他们都一成不变。

简单地说，他们虽然在专业方面做到了"高觉悟"，在素养方面的觉悟却让人不敢恭维。

❖ 在他人的专业领域，也要能"班门弄斧"

我十分尊敬的一位金融界大人物经常说这样一句话："在别人擅长的领域，也要变得有能力'班门弄斧'。"这是在告诫我们，如果仅埋头于自己的专业领域、工作领域，你的视野、世界都会变狭隘。

当然，我们也没必要在所有领域都拔得头筹，就像没有必要在自己不擅长的相扑界成为白鹏关（日本著名相扑选手）。但至少要努力获得一个能够轻松应对其他大力士的"殊勋奖"——无论与谁交谈，都能从容不迫，谈笑风生间令人感觉"这个人，无论在谁的专业领域，都谈吐不凡"。

希望大家一定不要成为只能聊自己工作领域的"专业傻瓜"，如同《国王的新衣》中的"国王"，被周围人嘲笑浅薄还不自知，更不要成为只能在自己的一亩三分地虚张声势的"山大王"。

同样，**只以自身擅长的事物为标准去衡量、评价他人的人，并不能被称为真正有素养的人。**

因为真正有素养、高品格的人，对于自己掌控范围内的事物，保持自信而不自傲；对于他人掌控范围内的事物，即使知识不足，也能充满兴趣与敬意。

31.

【二流】只学不干的"样样学，样样松"人士

决定成败的，是行动力而非思想

"他们还真舍得为那些骗人的商业学校、启蒙讲座花大钱呢……"

那些所谓"觉悟高"的人，其实也在努力学习，甚至不论该技能是否有用，他们都在**全身心地进行着技能升级，不惜废寝忘食。**

他们升级的技能种类繁多，包括英语、Excel、会计以及类似MBA的各类知识等。只要该技能还有提升空间，很多人就迫不及待地想要升级。

他们给人的印象是，似乎一旦察觉有什么技能长时间未进行升级（skill up）就会坐立不安（upset）。请允许我开这种无聊的、大叔式的双关玩笑，毕竟这样盲目升级技能却失去了目的的"迷途羔羊"实在太多。

他们还会去一些可疑的商务学校学习某项课程，明明课程内容与自己的工作目标、人生目标毫不相干，明明这些学校只是在利用他们的"过高觉悟"牟利（当然，部分学校也有一些很不错的课程）。同时，他们还会苦读各类大部头的实物期权书，试图多方位地提升自身技能，全然不顾这些技能是否与自己的现行工作、未来职业规划有关。

然而，他们共同的问题点在于，永远不会将想法、知识转化为行动。

他们虽然爱接受新鲜的刺激，但由此带来的冲动只能维持三天，绝不会落实到行动上。而且可怕的是，他们还会在醉醺醺的深夜，对着公司后辈一本正经地夸夸其谈：

"要想成为有钱人，必须先成为一张'稀缺牌'！成功的工作基本在于学会做'乘法'——只要同时成为'金融''销售''旅游业'各行业中百分之一的人才，通过'乘法'计算，你就是世界上百万分之一的人才！就是同辈人中的No.1！

"所谓领导才能，不在于你有没有才能，而在于你有没有学习领导才能的激情！

"一定要提前准备好自我介绍中的'精彩情节'！"

诸如此类拾人牙慧的言论，在深夜的小酒馆回荡，总令人觉得似曾相识。

　　仔细听一听，你就会发现，这些不过是对藤原和博先生等知名人物的言论的现学现卖，几乎没有一点他们的独到见解。对于这些言论，他们也许做到了表面上的一知半解，但远远未总结出"能够付诸实践的深刻体会"。

　　很多人能够付诸行动的，就只是"在小酒馆中，对着涉世未深的后辈说教"，做一名伪评论家。

　　从结果来看，他们中大多数人只是对各种理论浅尝辄止、品头论足一番，最终没有亲身实践任何内容，连"样样通，样样松"的境界都没达到，只沦落为"样样学，样样松"人士。

❖ 以学习为借口，迟迟不行动的"样样学，样样松"

　　对"样样学，样样松"人士，我真想从背后一把搂住他们的肩膀，摇醒他们：不能一直陶醉于自我启发，止步于学习阶段啊！

　　30岁过后，我们应该能够以自己迄今为止开拓的视野，模糊地察觉到自己所擅长的领域。因此，此时的我们必须冒险打开第一扇门，从思考走向行动。

　　偶尔会有人一直逗留在安逸的学习阶段，同时产生已经付诸实践了的错觉。如果你是这样的人，请扪心自问：我究竟打算学习到什么时候？

　　这样，应该有很多人会惊觉，他们只是为了掩饰迟迟不肯行动的犹豫、软弱与怠慢，而频繁使用"学习"这一便利借口，令自己沦落为二流的"样样学，样样松"人士。

❖ 来自新加坡酒店之王的教诲
——"你打算'一心只读圣贤书'到什么时候？"

　　我有一位友人，为了发展自己理想中的酒店服务实业，曾前往瑞士洛桑的某著名大学攻读酒店专业。

　　之后，他去半岛酒店和希尔顿酒店实习了一阵子，又前往INSEAD攻读MBA学位，其间有幸与被誉为"新加坡酒店之王"的著名经营者进行了一次交谈。

　　谈话中，酒店之王问他："你打算一门心思地埋头苦学到什么时候？"这一突如其来的询问犹如当头棒喝，瞬间让朋友意识到"一直埋头学下去，就意味着'为学而学'，从学习开始，以学习告终"。

　　自那以后，他开始充分利用自己在商业学校获得的知识以及

积攒的人脉，积极地付诸实际行动。

他开始向首尔的房地产商提出方案，试图说服他们进行大型投资，并将持有的大厦委托给他新开的酒店管理公司，由他的公司将其改造成酒店。这样的方案他一共制订了数十套，平均每套方案的投资金额高达数十亿日元。

虽然多次被客户拒绝，被周围人认为不可能，他依然不顾一切且诚意十足，继续全身心地开展提案工作。

于是，MBA毕业一年之后，他终于成功地在首尔东大门最繁华的地带建成了一座气派的酒店。朋友的这一逸事，一直作为教训被我珍藏于心底，用以告诫自己**"不要通过一直学习来逃避现实，赶快付诸行动参与到角逐中"**。

关于教养，我们大可通过不断地开阔视野来建立更宏伟的世界观。事关"赖以生存"的职业时，则必须摆脱空想，通过切实行动来一决胜负。

我们不能永远假借"提升技能""为来日的竞争做准备"这些看似正当的名义，一直陶醉于自我启发学习中。当然也有人仅仅是因为"这个内容很有意思"而埋头学习，脱离实干。我想他一定是被"光学不干"之神附体了，最终无法实现自我。

那么，让我们用企业家精神（entrepreneurship）代替"光学不干"吧。不满足于做一名学习家、评论家、批评家，通过实际行动证明自我，这一点相当重要。

说到思想方面，很多人都有着大同小异的想法。真正能够拉开差距的，是行动力［顺便说一下，即使是优步（美国开发的即时用车软件）、爱彼迎这样典型的独角兽企业，也并非因想法独特而成功、闻名，而是通过迅速的行动力，将拥有同样想法的先行企业驱逐出市场，才得以立于不败之地］。

早起

16. 争取起得比鸡早 [→ P069]

你有早起的习惯吗？早起，有助于我们远离不规律的堕落生活，是"自律"的象征。

17. 只在睡眠时间内就可以胜过比尔·盖茨 [→ P073]

你的睡眠质量高吗？睡眠的质与量大大影响着大脑的效率。请选择适合自己的最高品质的寝具。

严格守时

18. 请严守见面时间和工作最后期限 [→ P076]

你在任何事情上都慢半拍吗？反复的迟到与超过期限，会被认为"不具备团队协作精神"，导致信誉全失。

讲求优先顺序

19. 职业人士的工作术中，"时间分配"极其重要 [→ P080]

你注意安排工作的优先度了吗？不要在"不必要的虚拟劳动"上浪费时间，而是通过恰当的时间分配，提升工作效率。

服装

20. 请遵守着装 TPO 原则——人靠衣装马靠鞍，精英更是如此 [→ P083]

你在意过自己的形象吗？符合 TPO 原则的着装，将大大提升你"工作出色"的形象。

21. 出席正式聚会时，请彻底盛装打扮 [→ P087]

你是否在"战服"的选择上过于草率？出席正式聚会时，请选择最佳服装，保证自己气场全开。

22. 购物时不被他人意见左右，做"平民区的沃伦·巴菲特"[→ P090]

你买过一些昂贵又没用的商品吗？请不要被店家定的价格迷惑，坚持独立思考，追求高性价比的购物。

23. 自己不认同的消费，一分钱也拒绝支付[→ P095]

你有没有把钱浪费在不必要的地方？对待金钱一丝不苟的人，总能成为人生赢家。

健康

24. 两个月减重 20 公斤，并不值得震惊[→ P098]

你是否在体重管理上有所松懈？体重管理，不仅是单纯的"健康管理"问题，也是"自制力"的象征。

25. 爱好运动的人，在走姿和坐姿上也较真[→ P101]

你认真进行健康管理了吗？健康是意识、动力及一切思考、行动的基础。

压力管理

26. 预设"缓压准备金"[→ P105]

你的抗压性高吗？请降低对自己和对方的期待值，学会与压力和平相处。

27. 请不要将压力带进新一周[→ P110]

你的压力得到充分缓解了吗？"拼命工作，痛快享受"是众多一流职业人士的基本态度。

28. 没有"玩心"的人，无聊又无趣 [→ P114]

你的休闲时间都用来学习了吗？工作和人生的"张弛有道"很重要。

学习习惯

29. 时刻保持成长，努力进化为自己的 2.0 版本 [→ P117]

你时时注意追求进步，无论多忙都习惯于坚持学习了吗？人的"储存"功能固然很重要，但"变化频率"更重要。

30. 在别人的专业领域，也能适度"班门弄斧" [→ P120]

你有没有沦为"专业傻瓜"？掌握专业知识的同时，拥有深厚的综合素养很重要。

章末专栏

31. 不做"只学不干""样样学，样样松"人士 [→ P124]

学习、自我启发之后，你将知识运用到实践中了吗？请不要满足于做一名评论家，切实踏出行动的第一步吧！

第 **3** 章

一流的工作心态

横亘于一流和二流之间的差距

很多人看似已经很完美：头脑聪明，学历出众，在前文所述的工作的基本、生活习惯方面，也落实得非常到位。

但是不知为何，他们中的大多数始终停留在供人差遣的普通员工位置。

这些"明明相当优秀，工作的基本、生活习惯方面也无可挑剔，却无法成长为一流商务人士的人"，最大的共同特征就是：工作上缺乏"自主心态"。

这里所说的自主心态，主要可分为"培养企业家精神"和"提升视野高度"两方面。

【培养企业家精神】

1. 发挥主观能动性　2. 拥有先见之明

【提升视野高度】

3. 追求工作质量　4. 保持危机感　5. 超出对方期待

是否具备上述心态，决定了你是能够实现自我的商务管理者，还是一个"只会学习不会工作"的人。

一流人才，不但能自主决定该做的事情，还会积极地向上司提议："让我把这项工作也做了吧！"

相反，二流人才即使做了上司，每天也只会被上述一流的部下顶撞："这项工作不做，真的没问题吗？"

而且，不论一个人头脑如何聪明，如果他追求的仅仅是做好"分内之事"，那么即使做得再完美，也很难有出头之日。

工作上是否具备自主性，是所有职业中横亘在一流与二流之间的差异。

我乘坐出租车时，如果目的地距离较远、耗费时间较长，如去机场等，我会和司机师傅随意聊一聊最近出租车行业是否景气，乘客数量有何变动，以及怎样提高业绩，等等，总能从聊天中受益。

有一次，我遇到了一位司机师傅，他的业绩在公司甚至整个业界都达到了顶尖水平。据他介绍，"能够不断提高业绩的司机，绝对不会去司机扎堆的出租车乘车点干等着。他会用自己的头脑思考哪里有客源，自己跑去找客户。"

他还表示："最后事实证明自己预测的客源点是对的，业绩也随之提高，自己内心也挺高兴的。"像这样"独立思考的司机"，不论在待客礼仪、驾驶速度还是安全性方面，都能让客户高度满意。

一流心态与二流心态之间的差距，一言以蔽之，那就是：**能否自主追求最高水准的工作表现。**

各位读者朋友，你们在工作中是否注意站在更高的视野角度，持有更高的工作目标？你们的工作表现是否超出了客户及公司的期待，给他们带去了感动？

我时常感到，**工作前制订的目标大小、视野高低，早已注定了最终的成败。**成就斐然的个人或公司，大多最初就将No.1定为目标。他们正因为志存高远，才会在工作时不断涌现出自主改进工作的灵感，才能获得较快发展。

我们是否做到了不用上级说，就抢先考虑到了工作的前前后后，并独立自主地开始了行动？

我们的工作表现，是否超出了周围人的期待？是否比其他人的工作质量更高？**客户满意的口碑与评价，反过来将给我们的工作带来极大影响，这是一切商务的共通之处。**

同时，我们是否时刻保持危机感，执行工作比谁都迅速？我们是否积极主动地试图扩展自己的工作区域？

最终，我们需要让周围的人自然地认为"这个人不应该身处更高的职位吗？他明明比他上司创造出了更多的价值啊"。否则，我们将永远无法成为真正的管理人士。

一流管理人士的共通点在于，在自己的职位上，比任何人都更追求做出众人认可的"世界最高水准"的工作。

那么，让我们通过本章，一起具体探讨"一流的工作心态"吧。

发挥主观能动性

32. 上司分配的工作，自然很"无聊"

发掘"自己想做的"工作，先下手为强

"武贵，关于工作，只有争取到了'自己想做的事'的人，最终才能成功啊。"

这是我十分敬仰的田町先生（化名，52岁）给我的众多职业忠告之一。

"如果你觉得只要一直拼命地、一丝不苟地完成上司吩咐的工作，上司一定都看在眼里，总有一天会把你'想做的工作'分派给你，那就太天真了，可不行。

"想做的工作，是你自己主动创造出来的。你去做了并做得很好，周围人一般不太会阻止你。如果该项工作是你无论如何都想尝试的，那么即使你因擅作主张而被开除，你也会认为值得。"

　　上述言论同样出自田町先生之口。他就职于某巨型财团，一路过关斩将，升至集团的高层管理，对日本的金融界、产业界更是了如指掌。这样历经百般锤炼的履历，使得他的这番话更具说服力。

　　他所说的"'有趣的工作'不会从天而降"与"争取到'有趣的工作'的人，才能成功"，都是我们在积累职业经验的过程中，绝对不可忘记的大原则。

　　当然，这并不是在提倡"只做你喜欢的工作去吧"。相反，做喜欢的工作，是那些迅速、完美地完成"不喜欢但必须做的工作"的人才享有的特权。

　　如果你明明是新入职员工，在上司要求你"田中，把这份资料改成PPT"时，你却说"不行。我进这个公司，可是为了做

公司方针制订这样的大事"（一脸傲然），那可就真是贻笑大
方了。

❖ "'有趣的工作'，上司自己做"是基本现状

然而，如果你已经做完眼前该做之事，却只是被动地干等
着上司给你分派另一份"无聊的工作"，或是呆坐在座位上消磨
时光，那么你将眼睁睁地错过"只有在该公司才能接触到的工作
机会"。

"上司分配的工作，99%都是无聊的"，"有趣的工作上司
自己会做，无论如何都轮不到你"，这两句话几乎是任何职业、
业内形态下不变的真理，除非你有幸遇到下一章要介绍的一流的
上司。

任何公司的课题都多如乱麻。如果你自己不从中挑选，争
取自己想做的事情，争取只有自己才能完成的事情，那么就怨
不得别人小觑你"做事不主动，只是个机械完成上司指示的上
班族"。

有趣的工作、你自己想做的工作是不会从天而降的，无论你
多么拼命，完美地做完了自己的分内之事。

争取到"有趣的工作"的人，才会成功。是否具备积极发掘有趣工作的主动性，决定着工作的成败。

33. 自己"该做什么"，需要自己考虑

主观能动地站在"工作的起点"

"你做什么工作，对公司而言有价值？应该考虑这个问题的，是你自己。思考它，并向上司反映，不也是武贵你的工作之一吗？"

年轻时，我曾询问过公司的每一位领导，他们希望我做什么样的工作。

"武贵，希望你能利用自己的人脉，为公司引进新项目。"

"迄今为止，你也接触过不少投资方公司的业务实践。试着从中选出最优方案，导入公司吧！"

诸如此类详细的回答，我也得到不少。不过最令我印象深刻的，还是文章开头那句话：做什么工作对公司有价值，是你自己该思考的事情，也是你的工作。这个回答出自社长之口。

原来如此！一直让上司为你制订工作目标，说明你并没有自己掌握工作的主导权。以这样被动的心态，不可能自己发现有趣的工作，当然也不可能做好工作。

"**不是自己主动想去处理的工作，很难做出好成绩**"，这是商务的一大原则。一份工作，如果自己没有很感兴趣，也没有积极地全心投入，最终很难取得较大成果。

❖ 被动的姿态，只会限制自身长处与工作幅度

一个人的全部工作如果都是上司指派的，那么他将很难从中找到要素，去实现自我差异化。在被自己不擅长的工作包围，逐渐心灰意懒、丧失斗志以前，我们必须活用自身长处，主动创造出有趣的、有助成长的工作。

如果你不开启主动工作模式，即便你把分内之事做得再完美，大半功劳也会被分配工作的上司拿走。不论勤奋的你完成得多么无可挑剔，你的上司都有理由占据这份功劳，因为"分配这份工作的人是他"。

"我在公司里做什么，对公司而言最有价值？什么样的工作既能让我发挥自身长处，又能让我在享受的同时为公司做出较大贡献？

"如果将自己视为商务的能动主体，那么我身上有几项特性能够成为商务、项目的起点？"

如不尝试这样问一问自己，只是被动地按照指示机械地工作，最终只能永远被定位为"二流"。

在自己不擅长或没兴趣的工作上，即使努力做得不错，能取得的成果也是有限的。自己创造出能够发挥自身兴趣与长处的工作，为公司和客户带来收益，这样的自主性才是最重要的。这份"自主开始带来的责任感"非常重大，是贯穿工作始终的原动力。

当然，请不要忘记，这里所说的"自主思考"，要以完成眼前的分内之事为前提。

如果上司明明要求你"下周五以前准备好会议资料"，你却充耳不闻，遭到批评时又摆出"我正在考虑对公司而言最有价值的战略性工作呢"（咳咳！）的态度，那就本末倒置、大错特错了。请大家务必在完成眼前义务的基础上，再去自主创造"有趣的工作"。

拥有先见之明

34. 先人一步，优先考虑长远利益
要随机应变，更要制造先机

"那个人，总是陷入被动反馈状态呢……"

这是某大型投资公司管理层在评价公司经营者的能力时，经常使用的措辞。

被动反馈型人士，顾名思义，总是等到状况发生后才去考虑对策，事事落于人后。相反，**主动出击型人士，总能在状况发生前先发制人，变身为制造先机的人。**

未来会发生什么，当然我们谁都无法预料。重要的是，能够预设几个方案，对大致能够预测的事态，提前考虑好应对之策。

以你和恋人之间的交往为例，如果等到问题发生了才去补救，大多就为时已晚了。

因此，重要的是，事先问清楚对方介意的是什么，然后小心规避"雷区"。如果每次都踩遍对方"雷区"的所有"地雷"重

伤而亡，就不得不让人担忧他工作方面的能力。

而对公司经营者而言，再当然不过的就是，及时预测1年后、3年后、10年后可能发生的重大状况，以防止这些重大风险因素真正"引爆"时束手无策，并规避公司可能面临的破产结局。

在合同起草时或项目商业化交涉中，能否及时预测未来潜在的风险，并做到未雨绸缪，将大大决定着项目的未来命运。

"对于将来可能发生的事态，现在我能提前制订多少对策"这一日常化的思维模式，是一流的工作术中所必不可少的组成部分。

❖ 拥有先见之明，优先考虑长远利益

这个世上，主动出击型的人远远少于被动反馈型的人。因此，只要我们稍微将眼光放长远些，稍做准备，就会获得一大优势。

特别是在别人拼命考虑眼前状况并忙于应对时，你能够在此基础上，将时间轴拉长考虑问题，能够先人一步地做好万全准

备，如此深思熟虑会令周围人对你刮目相看。

短期的、眼前的事物，大家都在拼命考虑，因此彼此之间很难拉开差距。而对于长远事物，认真考虑的人少之又少，从中很容易看出一流与二流的差别。

对于眼前利益，哪怕是蝇头小利，人们都分毫必争。对于长远的、重大的利益，大家却又出乎意料地漠不关心。

这就是不长远考虑事物的人失败的原因。

35. "摸遍石头不过河"的二流精英

先行者，方能大获全胜

"阿哈姆德，当初你为什么能当机立断，在那么早的时机选择加入优步？"

最近，我遇到了一位来自非洲某国的、相当帅气的前投资银行家友人。谈话中我问起了上述问题。

他当初毅然决然地放弃投资银行的高薪待遇，跳槽到尚未打开知名度的优步，后很快被提拔至负责多国业务的重要位置，不到30岁就通过股票债券积累了巨额财富。

别看现在的优步市值数兆日元，他加入时市值只有3000亿日元左右。也就是说，优步在短短数年内，实现了企业价值翻了20倍的成长。

算一算友人进公司时购买的股票期权的价值，我们就知道，他似乎已经在人生道路上远远甩开我们一般人了。不过更令他感到满足的是，年仅28岁的他被赋予了重大的责任与机会。他从事的这份工作，给世界各地古老而巨大的出租车市场带来了创造性破坏，更让他体会到了其中的工作价值。

阿哈姆德当初之所以能做出如此决断，首先是因为他在先前的职场获得了高度评价，构建了良好的人际关系，这确保了他随时可以"吃回头草"，让他有理由对本次跳槽做出"风险较低"的判断。可见，**"与现职场的良好关系"是跳槽时最大的风险保值，这一点放之四海而皆准。**

还有一个理由，就是新职场热情抛来的"橄榄枝"。

那个时候，包括朋友自己在内，周围几乎没有人知道优步。然而，与在优步任职的MBA时代的学长交谈了一次后，他发现这一新兴商业模型非常有趣，便萌生了做一回先驱者挑战试试的念头。

环视周围的人，我也发现：**归根结底，无论就工作收入还是工作价值而言，年纪轻轻就赚得盆满钵满、获得巨大成功的人，无一不是在别人行动之前就甘冒风险、纵身入行的"先行者"。**

我周围那些积累了数十亿日元、数百亿日元巨额资产的人的共通之处在于：在该领域的大潮来临之前，就主动作为"先行者"迅速投身其中，着手发展，在竞争对手入行之前努力成为

"业内第一人"。

于是，当市场"蛋糕"越来越大时，由于竞争对手尚未出现，客户自然而然地会集中到他们那里。

从结果来看，他们更能够通过先行积累的历史成果，远远抛开竞争对手，于是仅仅因为单纯地"先行一步"，就可领先对手，积累起实际业绩与客户信用。

❖ "只摸石头不过河"的二流精英们

与之相反，有些人明明相当优秀甚至头脑更胜于创业者，却一生庸庸碌碌，停留在供人差遣的普通员工阶层，这就是所谓的"后发者"乃至"追随者"。

这些人的性格往往过于刻板认真，不愿冒任何风险，经过一番慎重考虑后，选择"只摸石头不过河"。更有甚者，摸遍了整条河的石头，还是没有勇气过河。

像他们这些偏差值明显高于常人的精英，似乎异常热衷于"红海市场"（指的是充满白热化竞争，血腥、残酷的市场），貌似竞争对手不够多的话，反而会令他们坐立不安。

然而这样一来，行业内已经人才饱和，雇佣方大可从蜂拥而来的众多优秀应征者中精心挑选人才，将其录用为自己的部下。从结果来看，后发的精英们被雇用后，往往被"大材小用"，工作辛苦不说，收入也不甚理想。

如果你正谋划做一点与赚钱有关的事情，那么请你先认真地问一问自己：

"我正在质疑的常识是什么？

"我想要解决的问题又是什么？

"我在这个领域，能够先于竞争对手给市场、顾客提供什么？

"我真的已经比竞争对手抢先行动了吗？"

在打算一较高下的领域，如果不能成为"先行者"，将很难享有业界领头羊所获得的好评与信赖。

那样的话，你只能被卷入众多后发制人的"追随者"的白热化竞争中，兢兢业业一生也不过是为他人做嫁衣，成为上司晋升的踏脚石。

这里告诉我们一个教训：比起那些聪明超群却谨慎过头的人，智商平庸无奇却拥有强大行动力、敢于抢先一步的人，最终更有可能成就一番事业。

36. 哪怕挑选纪念品，也要追求完美
精益求精，才能成功

"对待工作再认真点吧！工作马虎不如不做！"

这是我年轻时一位令人尊敬的上司对我的训斥，至今仍深深地印在我的脑海中。

那位上司告诉我，应该将每一项工作都视为自己的作品，全力以赴。实际上，他本人在做任何事时，也是处处讲究细节，追求完美。

例如，小至一份资料、一条信息，对于它们的内容、提交顺序甚至年月日的格式，他都有详细要求。你要是一一咨询他的意见，估计一辈子都完成不了那份资料。

诸多事例中至今最让我难忘的，还属那次"纪念品事件"。该事件让我再一次见识到他那"精益求精"的精神，并深感

敬服。

那还是我在新加坡工作的时候，公司要筹备一场大型公开讨论会，届时会有世界各地的嘉宾前来参加。关于邀请谁、准备什么资料、提供怎样的餐食、怎样布置会场，那位上司一一用心，讲求细节，这倒不难理解。最让我吃惊的是，他连"当日分发的纪念品"都追求完美。

我自己也出席过世界各地的不少会议，说实话，从未收到过什么称心如意的纪念品。估计是因为"会议纪念品大多是些无用的东西"已成为大家"心照不宣"的固定认知了吧。

我就收到过印有举办方标志的老土的包，绝对让你拿不出手，还有如今几乎不用的铅笔套装、卫浴公司送的马桶形的手机挂饰等，不一而足，总之净是些让人不知如何处理的物品。

这让我对纪念品产生了一定的成见：纪念品这种东西没有人会真正在意。在这方面专门花时间讨论，纯粹是为了自我满足而浪费时间。

然而那位上司在研讨会的筹备大会上，占用了20余名筹备委员会成员好几天的时间，从容不迫地就"纪念品送什么""包装纸选哪款""包装纸上的蝴蝶结选哪款"之类的问题，展开了充分讨论。

❖ 挑选纪念品这一小事，体现了精益求精的姿态

不得不参与上述讨论的我，最初不由得在内心纳闷：难道就没有比这更重要且必要的工作了吗？这样消磨时间对得起自己的高薪吗？然而，当我看到纪念品的成品后，再回想起挑选过程，不禁为自己的成见感到羞愧，开始重新思考这一小事。

最后敲定的是一款精致高雅的杯具，杯体呈橙色渐变，与公司标志用色遥相辉映，呈现出和谐统一的美感。

同时，杯具的制作交由当时公司旗下的陶器公司负责。除了杯具以外，纪念品中还加入了从本公司参与注资的饮食公司那里采购来的袋泡茶。

而且，为了确保该饮食公司今后能够接到与会公司的订单，包装袋中还特意放入了该公司销售人员的联系方式。

那位上司并没有因为"区区一件纪念品"而敷衍了事，而是通过会议充分地讨论了透过纪念品能够传达的信息、超出"纪念

品"本身能够实现的目的以及含义，并将这一切都浓缩于一个小小的杯子套装中。

最终将纪念品分发给客人时，上司对纪念品意义的每一条说明，都传达出丰富的信息，仿佛是在解说名画的构图以及内涵一般。

于是，我从"为什么选择这样的纪念品"的解释中，看到了一流的工作态度和追求完美的精髓，这早已远远超出纪念品本身的价值。

小小一件纪念品，不仅仅是一件纪念品。

像这样无论面对多么琐碎的工作都追求完美的态度，让人看到了"追求的力量"，令人期待其在重要工作上的表现。

在每一项工作上追求质量到何种程度、以什么作为理想标准，代表了一个人"视野的高低"，也体现了他对待工作的整体姿态。

37. 为寿司的哲学买单？
追求工作的"哲学美"，而非"杂学感"

"我们吃寿司，其实是在为寿司店的哲学买单。"

东大毕业后就在欧洲的金融集团长期从事基金业务的萌子小姐（化名，28岁），第一次见面就通过她那不输一流搞笑艺人的精准吐槽与超积极心态，让我猝不及防。

开头的一幕发生在东京都内的一家我颇为中意的酒吧。在这里，你可以品尝到世界各国的美味啤酒。当时我和大学学弟以及上文中的萌子小姐——他的朋友兼公司同事，讨论起"东京都内的美味餐厅"这一话题。

我们正说到"明明各寿司店的味道差距不大，为什么板前寿司和数寄屋桥次郎寿司的价格却天差地远呢？"这一现象时，萌子小姐说出了开头的那句经典名言："我们吃寿司，其实是在为寿司店的哲学买单。"

　　身为寿司迷的她承认道，如今即使是价格低廉的寿司连锁店，照样能够提供鲜美无比、品质极高的寿司，味道与美食节目中米其林星级寿司店相比，并不存在价格上体现出的巨大差异。

　　然而关于真实存在的10倍以上的价格之差，她毫不犹豫地说道："那都是在为寿司店'对寿司制作的精益求精'这一哲学买单。"

　　例如东京都内的某老牌寿司店，做寿司用的饭团都是由特制的瓦锅不急不缓地蒸制而成，并加入适量的特制红醋调配味道。

　　在这里，店主丝毫没有去考虑"实际上用红外线电饭锅做出来的米饭，配上普通的寿司醋后，味道也不错"这看似高效的做法。所谓的"效率性"，早已退居其次。

　　在寿司的其他食材部分，寿司匠人则用心地划上了阡陌纵横的花刀。对此，也许有人会觉得 "要是因为这道工序，价格就涨到普通的三倍的话，我宁愿店家不做任何装点，直接提供三倍量的新鲜食材"。抱有这样庸俗想法的人，我想并不适合光顾这家店。

再说说寿司所配的酱油，匠人们已事先酌情添入寿司，因此不太喜欢蘸酱油的食客们，可能会因不能自行斟酌酱油用量而感到些许不自由。

然而即便如此，人们依然甘愿为这份"精益求精"支付10倍费用。

❖ 一流人士"对最高工作水准的执着"

说起来，曾经有一位非常照顾我的一流的上司，也带我去过非常高级的寿司店。席间他还笑着激励我"多学习学习这样一流的工作态度！"。

那家寿司店自然美味得无可挑剔，然而更让我感动的是寿司匠人们那凛然的站姿与一丝不苟的工作态度。

请回想一下，在工作中，我们抱有多少"自己独有的彻底追求"呢？工作上不需要浅尝辄止的"杂学感"，我们应该好好问问自己：我所认为的一流工作的哲学是什么？我将这一份"哲学价值"带给客户了吗?

　　我们提供给客户的商品、服务，与竞争对手相比，也许并不存在显而易见的差别优势。在如此平分秋色的情况下，一流人才依旧可以得到客户的高度评价，获得成功。那是因为他们在自己的工作中，注入了"对一流工作水准的执着"，怀有自己独特的工作美学与工作哲学。

保持危机感

38. 保持危机感与竞争意识
时刻不忘竞争对手，保持紧张感

"不知不觉中，我们是不是已经自以为稳居业界第一，自高自大地丧失了危机感？事实上，我们现在可能连业界最前端都算不上了吧！"

这是我在新加坡工作时，我十分尊敬的上司经常在全体会议中训诫我们的一席话，为的是营造团队整体的紧张感。

帮助团队树立危机意识，是一流的企业管理者共同的职责之一。将三星一手打造成巨型联合企业的李健熙会长也是这样做的。即使在三星智能手机风靡全球、企业发展达到巅峰之际，他也没有忘记时刻保持员工的危机感。

他时常这样向员工强调危机感和改变的重要性："10年之内，现在的畅销商品都会被市场淘汰"，"除了太太、孩子，其他都要保持改变"。李会长在企业高速经营方面付出的心力之多，使得他驰名商界。

高层领导者的危机感来自方方面面，包括如何防止新产品研发不及时而导致客户满意度下降，如何保持组织机构源源不断的再生活力，如何培养新的管理层等。

正如人类和动物的历史是一部为了跨越危机而不断"进化与改革的历史"，我们甚至可以说，来自生存竞争的危机感，才是在竞争中脱颖而出的原动力。

❖ 树立危机意识，迎接竞争挑战

仔细想来，较之其他动物，现代人的危机感还薄弱得很。

对动物，特别是狮子、老虎之类的猛兽，我总是莫名地持有浓厚兴趣，时不时地会去视频网站搜索并观看狮子、老虎的飒爽雄姿。结果不知不觉中，我搜索出一堆恶趣味之人制作的"狮子vs老虎""熊vs老虎"之类的猛兽对决视频。

视频的评论区中，狮子、老虎、熊各自的支持者们还就谁是最强动物这一话题，展开了激烈争论，令人没法一一奉陪到底。不过从这些视频来看，猛兽间的打斗相当惨烈。

较之"狮子vs大象"之流的凶猛打斗，我们摸爬滚打的所谓

"竞争社会"，竟然显得那么和缓，这一事实令我愕然不已。

虽然时下"竞争已落后于时代"的舆论风潮大行其道，但不可否认的是，人类本来就是在竞争中通过不断演化才得以幸存下来的。**"自然界中能够幸存的，不是最强悍的物种，而是能够保持变化的物种"是公认的自然界法则，而保持变化的最大原动力，就是生存竞争的危机意识。**

当然，我并不是希望各位心地善良的读者朋友现在就化身为"资本市场的雄狮"，去撕碎竞争对手。只是希望大家不要忘记，"只要活着，就势必会被卷入激烈竞争"，这是所有动物都无法逃避的自然法则。

鉴于大部分读者朋友都正身处职场打拼，我们将上述理论运用到更为现实的情境中。

例如，让我们想象一下：自己现在的工作，如果交给薪资待遇不如自己的人做，说不定他做得比自己更快、更准确。想到自己竟然身处如此激烈的竞争中，应该自然而然地紧张起来，不由得直起腰板，想要更勤奋地工作了吧？这也是我时常用于自我警戒的办法。

平日里的我们，总是习惯了现代社会的和谐与便捷，容易逐渐丧失生存的危机感。意识到可能夺去自己工作机会的竞争对手的存在，能够让我们时刻保持危机感，为工作付出100%乃至200%的心力。

39. 将"每一次"视为"最后一次"，保持紧迫感

精明却无法出人头地的人，大多缺乏紧迫感

"所谓'机会'，并不是遍地都是。一定要抱着这是'最后一次机会'的心态去工作啊！"

这是我所尊敬的一位香港前辈，在位于香港中心地带（中环附近）的豪华牛排餐厅请我吃饭时，对我絮叨的一句话。

不知不觉中，我们很容易心生懈怠。有一个办法，可以让这样的我们取得超越自身极限的工作成果，那就是：告诉自己"这是最后一次机会，这次搞砸了，便不会有下一次"，以此将自己逼入绝境，保持紧迫感。

对那些相对优秀但距离"一流明星选手"总差那么一步的"一点五流"商务人士而言，保持紧迫感尤为重要。

处于一流与二流之间的人才，即使不加约束地放任自我，也总能依靠自身的精明，将工作完成得差强人意。正因如此，他们

往往容易陷入"精明的陷阱"，"聪明反被聪明误"，缺乏将自己逼入绝境后全力一搏的坚忍态度。他们如今偷工减料、宽于律己的状态，正是阻碍他们成为一流人才的最大"瓶颈"。

无法迈向一流的人的共同特征，归根结底，在于"麻痹大意"。

他们大多自我感觉"头脑还算聪明，做事还算得要领"，做什么都还算小有所成，因此全无"绷紧自己，一定要发挥出最佳工作水准"的紧迫感。我们常说"麻痹大意是大敌"，而到了他们那里，"麻痹大意"简直是他们的挚友、恋人。

无论做什么事情，他们都缺乏紧张感，不怎么努力，却豁达地预计"嗯，随便做一做，总能混个差不多的职位吧"，在乐观程度上不输任何人。加之他们根本就认为"就算这次失败了，也不影响大局"，因此常常麻痹大意，掉以轻心。

❖ 集中力决定成败，而非智商

世界顶级人才云集的职场，已然不是一个通过头脑好坏这样的个人参数一较高低的世界。

那里的人才，都在一定程度上拥有较高能力。因此，在每一项工作中，能够多大程度地集中精力，成为成败的关键。

　　相当优秀却容易放任自我、不时偷懒懈怠的人，尤其是承认"自己不到走投无路，不会奋起努力"的人，请务必在精神上逼迫自己一把。

　　让我们每天都用固定一小段时间来警戒自己，只有保持紧张感、紧迫感、危机意识，才能做出高于对方期待值的工作表现。

超出对方期待

40. 做出高于薪资、职位的工作成果

"离开自己就无法运转"的工作究竟有多少

"上级愿意提拔的，都是那些工作成果超出所得薪资、所在职位的人。另外，有多少工作是'离开他就无法运转'的，也是重要评估因素。"

这是某著名投资基金的董事长清家先生（化名，49岁），邀请我在东京港区六本木的一家隐蔽的高级意大利餐厅用餐时，对我说的一番话。

清家先生读过我的处女作后，表示"很有意思"，作为庆祝，邀请我"一起吃顿晚饭"。真是一位热心而慷慨的人士。

清家先生所说的"工作表现高于自身薪资、职位"，也是很多成功的大人物被问及"出人头地的条件"时，不约而同做出的回答之一。

我自己也曾经问过上司"晋升的标准是什么"，上司指出了以下五点：

① 这个人的工作成果是否高于所得工资？

② 他的工作水准是否超出所在职位？

③ 缺少了他，有多少工作无法正常运转？

④ 他的存在，给组织结构带来了怎样的有益变化？（是否给组织留下了精神遗产？）

⑤ 是否很难用同样的薪资招聘到与他同等工作水准的员工？

从其他上司那里，我也得到了几近相同的答案，因此以上五点可以说是出人头地所不可或缺的五大本质性要点吧！

那么你自身是否符合这五条标准呢？没有满足其中任何一条的人，该在内心大吃一惊了吧？

❖ "可有可无的人才"很难实现加薪、升职

拿出高于自身薪资、职位的工作成果，当然很重要。在此基础上，如果想在晋升的道路上高歌猛进，第三条标准"缺少了他，有多少工作无法正常运转"是关键。

姑且撇开我自身的工作状况不谈，就说我评价部下时采用的标准，的确，"这个人一旦辞职，部分工作将变得棘手，无法正

常运转"这一点，是我希望该部下继续留下来工作的最大理由。

与之相反，那些被认为"嗯，确实也做了一些像模像样的工作，不过就算没有他，公司似乎也没什么损失……"的人，则很难实现加薪或升职。

虽说加薪、升职是世界上大多数人的梦想，但令人吃惊的是，太多人的工作表现其实都低于所得薪资、所在职位，有的就算辞职也不会给公司造成不便。

他们每天在公司做着一些非本质性的、无足轻重的工作，却大声叫嚷着"这个工作是我做的！那个工作不也是我做的吗！为什么公司对我的贡献视而不见！这样的公司，辞了罢了"。然而一旦他们将这些怨言发泄出来，就会正中公司下怀，让公司有机会顺水推舟，他们自己只能落得个"强制性'被离职'"的下场。

那么，此时此刻的我们，工作表现真的高于公司给予我们的薪金待遇、职位吗？此外，"离开了你就无法正常运转"的工作，究竟又有多少呢？

只要你还在做着"换成别人，照样能做"的工作，那么你很难获得比现在更高的公司地位。

41. 每日工作中，"多跑一英里"

"超越自身极限与周围期待"的努力姿态决定成败

"你在自己的工作中，尝试'多跑一英里'了吗？"

这是我就职过的多家专业机构（包括咨询公司、金融机构等）在进行员工工作表现评定时，一定会向员工确认的一条内容。

"多跑一英里"（extra one mile），是我工作过的多家外资专业机构在公司内部评定时，经常使用的表达方式。

也就是说，公司关注的是你的进取姿态："是否先人一步，付出高于一般人水平的努力""是否做出了超越自身极限的、压倒性的努力"。

我认识一位投资行业的前辈矶野先生（化名，40岁），他无论在跳槽前的公司还是现在的公司中，不知为何总能以顶级分析师的身份大展身手。

矶野先生在请辞上一家公司时，公司当时的CIO（Chief Investment Officer，首席投资官）曾经提出双倍薪金的高待遇，拼命地试图挽留他。

而在参加过其他对手公司的"挖角"面试之后，现在公司的CEO特意从纽约总部打来电话，亲自给他做定心工作。矶野先生就是这样一个走到哪里都被视若珍宝的人才。

这位私下里时常流连于中国香港、新加坡以及日本赤坂等地夜总会的矶野先生，为什么走到哪里都能以顶级分析师的身份，驰骋业界，享有绝对优势呢？

当我询问其本人相关秘诀时，他回答了以下两点："做到'工作状态'与'非工作状态'的彻底切换，在'工作状态'时决不妥协""在别人都不愿进一步努力的阶段，'多跑一英里'"。

"努力'多跑一英里'"，不仅是矶野先生所践行的秘诀，也是开头所述众多跨国专业机构所倡导的价值观。

我以前公司的员工评定项目中，也包含"是否努力'多跑一英里'，进行了更深入的市场调查？"这样的内容。在其他职场工作时，我也曾被问过"是否尝试过突破自己的极限？（是否尝

试超越自身极限，进一步努力？）"之类的问题。

❖ "多跑一英里"的努力，毫厘之差决定着成败

能否在每日工作中"努力'多跑一英里'"，成为一道分水岭，决定了你是一名年薪上亿日元、在全世界都备受追捧的顶级分析师，还是一名领着微不足道的工资，只在人手不足时被临时雇用，一旦公司经营下滑就会首当其冲遭解雇的普通分析师。

正如100米赛跑中成绩9.5秒的人与成绩10秒的人年收入相差数百倍，在齐头并进、实力相差无几的众多竞争对手中，你只需比其他人多付出那么一点的努力，就足以换来天差地远的好评。

　　以矶野先生为例，在推进针对印度尼西亚某银行的投资项目时，他不仅去考察了雅加达等大城市中该银行的网点，还特意去了不少充满乡土气息的地方支行。在那里，他还一一询问在窗口排队的老太太"为什么选择这家银行进行储蓄，而不是别家银行？"，调查程度之深达到了一般人不愿做到的水平。

　　这样的矶野先生，当然不是那些只愿意坐在会议室里，一边惬意地吹着空调，一边心不在焉地观看着幻灯片的分析师所能打败的。

　　让我们回顾一下自己的日常工作态度，自己是否付出了别人无法企及的、"'多跑一英里'的努力"？

　　我们必须时常自问：即便做不到"多跑一英里"，自己是否做到了哪怕"多跑一厘米""多跑一微米"？自己的工作表现是否超出了对方的期待？

　　正是这每日工作中"哪怕高出对方期待一点点的努力"，决定着我们在严峻竞争中的成败。

42. 为公司留下"精神遗产"

离开公司之际，你能为公司留下什么

"预测股价是武贵你的职责所在，即使做得不错也是理所当然的吧？总有一天大家都会离开这家公司，因此你必须考虑的是，你一时的存在，能够给公司的组织结构留下怎样的'精神遗产'。"

这是我年轻时，上司在评估反馈会议上对我说的一句话。

上文中所谓的"精神遗产"，指的是"一个人离开后，留给企业组织的集体性财产"。

这样的"集体性财产"，即使在你离开公司、不再领取公司薪水之后，依然会持续为公司带来便利。因此，对公司而言，没有比这更难得的馈赠了。

能够留下"精神遗产"、工作表现远远超出对方期待的一流人才，不仅在人才市场很抢手，成为各方争抢的对象，在公司里往往也能够一路高升。

仔细想来，商务人士既然领取着公司的薪水，在自己的分内工作上达到既定目标就是理所当然的。在此基础上，能够额外地"为企业留下'精神遗产'"，则成为与竞争对手拉开差距的重要因素。

就该角度而言，二流人才几乎刻意不为公司留下什么"遗产"。

因为他们总是将全部精力集中于眼前利益，想方设法地将自己搭建的人脉占为己有，将自己的工作推进方式放进"黑匣子"中严格保密。通过这些手段，他们试图营造离开了自己团队就无法正常运转的局面，以确保自己在公司内部的价值。

与之相反，一流人才希望看到的是，即使自己不在，团队其他人也能够代为处理自己的工作。为此，他们不断地和团队成员大方共享自己的人脉、工作方式，分享自己的见解、心得等。

❖ 反省自问：我的存在，给公司带来了怎样的改善？

请大家认真想一想：在每次跳槽之后，我们是否都给之前的公司留下了"因为自己的存在，才产生的积极的组织性变化"？

同样，在下一次跳槽之前，我们是否已经给现在的公司带来了这样的"精神遗产"？

问一问自己是否真的为公司留下了"精神遗产"，也是一个站在公司视角重新审视自我贡献的机会，同时可以让我们"很意外地"发现"自己也没做什么了不起的事啊"，有助于我们找回谦虚的初心。

"是否为公司留下了'精神遗产'"这一自问，也是客观衡量自身领导才能的指标。

例如，那些想要前往海外主要商业学校深造的人，经常会在申请阶段的小论文中，被要求回答"你为团队留下了怎样的'精神遗产'？"这一问题。他们的推荐人在写推荐资料时，也会常常遇到"这个人为你的团队留下了怎样的'精神遗产'？"这样的提问。

在思考自己"是否做出了超出团队、公司期待的贡献"的同时，反问自己留下了怎样的"精神遗产"，可猛然唤醒迷糊的自己，敦促自己端正工作态度。

"留下'精神遗产'"这一生存方式之重要，并不仅仅体现于一家公司、一段职业生涯。同样，在漫漫人生迎来终结之际，在天堂之旅或地狱之旅开启之前，我们为后世留下了怎样的"精神遗产"呢？就该意义而言，"留下'精神遗产'"这一生存方式适用于整个人生。

43.

【二流】太过"坚毅"（grit）也是问题？

不顾周围反对、"屡败屡战"的人们

"只要有精神、有活力，什么事都能做到！让我们1、2、3，走起！！"

这句名言，相信日本的读者朋友们无人不知，出自"燃烧的斗魂"王者——安东尼奥·猪木（日本著名职业摔跤选手）之口，本章"一流的工作心态"中最后出场的人物。

在之前的《直击世界精英！》连载中，我有幸与安东尼奥·猪木先生进行了一次谈话。

那次谈话最令我印象深刻的，就是他的那份强大的自信，认为"做别人认定不可能的事情，更能点燃斗志"。

当时，在谁都认为不可能的情况下，他实现了与拳王穆罕默德·阿里之间的一战，并与阿里不打不相识，成为好友。这一战，内化为猪木强有力的原体验。这一战，也为他带来"与穆罕

默德·阿里战斗过的男人"这一荣誉，有助于他在国际范围构建
起自己的人脉网络。

在人脉搭建方面，猪木出于对师父力道山的缅怀之情，积极
与朝鲜方面疏通关系。

另外，除了自己曾定居过的巴西，他还与古巴、伊拉克、
苏联——和美国、日本关系不太亲密，甚至可以说是敌对阵营国
家——的领导人们构筑了良好关系。这些乍看之下完全不可能的
事情，他都通过"坚毅"与努力，一一实现了。

他甚至还不顾周围人的强烈反对，强行前往朝鲜进行了访
问。无论周围怎样叫嚷着"快停下，这件事不可能！"，猪木的

自信从未动摇过。

甚至可以说，越是遭到周围人的反对，他的肾上腺素飙得越高，凭借着"我终于得偿所愿，实现了与穆罕默德·阿里的一战，并与他成为好友"这一原体验带来的自信，昂首阔步在自己选择的道路上。

❖ 在别人口中的"不可能"中，强大到相信自己

从猪木"不论周围怎么想，始终相信自己"的强大精神中可以看出，在周围都认为不可能的情况下，坚持相信自己、保持自信的重要性。

无论就积极意义还是消极意义而言，猪木都是一个极其有趣的例子，很好地诠释了本章所阐述的拥有自主性的生存方式。

他还发起了远远超出摔角领域的"异种格斗技"比赛，并与当时闻名全球的世界级拳王穆罕默德·阿里一战成名，这几乎出乎所有人的意料。而这种"异种格斗技"比赛也成为摔角界的"精神遗产"，即使猪木本人离开了摔角场，这份伟大的遗产也会长期留存。

同时，猪木的活动足迹并未局限于摔角场，从打捞沉船宝藏到淡出政界，再到在朝鲜举办前后数十万人观看的摔角比赛，涉

猎范围相当广泛。仅从"即使别人都说不可能，也要相信自己，努力去实现"这一点来看，他真的值得我们好好学习。

我们作为最熟知自我的人，能否信赖自己，即是否拥有自信，是培养自主性最重要的因素。

为此，我们最好在人生的较早阶段及时击出让我们拾获自信的"安打"，找到"自己的对手穆罕默德·阿里"，不畏失败，勇敢挑战，这样的原体验会转化为我们今后人生的自信的源泉。

的确，许多大获成功的人（实现了心中理想的人），也体验过惨不忍睹的失败。例如发明大王爱迪生，众所周知，他的失败作品也是历史上最多的。

达成目标的关键，并不在于智商的高低，而在于是否"内心强大到不因失败气馁，以失败为养料，重新爬起，继续战斗"。同时，具备"从失败中吸取教训、改变自己"的灵活性、"不畏失败与挫折，重新站立"的强大韧性很重要。

某位著名的投资家曾说过："有助于创业成功的最佳训练方法，就是年轻的时候搭顺风车四处旅行。大多数情况下你会被拒绝、会受到打击，然而无数次重复这一过程后，你会顿悟：只有被拒绝了数百次依然不放弃的人，才可能获得机会。"相信应该有很多人赞同他的说法。**从年轻时代开始养成不断从失败中爬起的习惯至关重要。**

❖ 在不适合的领域过于"坚毅"，只会造成悲剧

然而，我们不仅要"从失败中爬起"，还要从失败中吸取教训。如果挑战失败后，不勇于直面自己，不深度剖析自我，只顾执着于自己无法成功的领域，陷入"挑战——失败——爬起"这一无限循环，只会令人担忧。

我的大学学弟田冈君（化名，34岁），在会计师考试中"屡战屡败"，以至于他的备考周期史无前例地漫长，漫长到令人不禁怀疑"会计师考试，真的允许考这么多次吗？"。

他令人头疼的地方在于，固执地认为"好不容易坚持到了今天，现在怎么能放弃"。

这位田冈君不屈不挠又不断重蹈覆辙的壮烈挑战，提醒我"奋战到底的'坚毅'"与"放弃沉没成本的'果断'"之间的平衡是多么重要。

每次落榜，周围人都会拉他去聚会，鼓励他再接再厉，然而他那不服输的持续挑战越发惨不忍睹起来。

　　与他同时报考的人，早已成为资深经理，顺利地出人头地了，而田冈君今年大概也会继续为了会计师考试而不懈努力吧！

　　他的异常"坚毅"，让我不禁从心底担忧："坚毅"这种非认知能力，一旦用在不适当的领域，后果会一发不可收拾。

**发挥主观
能动性**

32. 上司分配的工作，自然是"无聊的工作" [→ P138]
你积极主动地开始你的工作了吗？喜欢的工作需要自行
寻找，先下手为强。

33. "有趣的工作"需要主动争取 [→ P142]
你主动向上司反映自己想做什么工作了吗？被动的工作
姿态，只会进一步限制自己的工作范围，无法发挥自身
强项。

拥有先见之明

34. 先发制人，而非消极应变 [→ P145]
你是否能够制造先机，而非忙于应对状况？强大的人能
够预测将来可能发生之事，拉长时间轴考虑问题。

35. 不做"摸遍石头不过河"的二流精英 [→ P148]
你是一名先行者吗？总是抢先对手一步行动的先行者，
可以轻易打败慎重小心的完美主义者。

追求工作质量

36. 即使是挑选纪念品，也要追求完美 [→ P153]
在每一件小小的工作上，你都精益求精了吗？只有在工
作细节上追求完美的人，才能成功。

37. 做出富含哲学、美学的工作——来自寿司店"哲学美"
的启示 [→ P157]
你在自己的工作中，追求"哲学美"而非"杂学感"了吗？
"一流的工作姿态"这一富含"哲学美"的情景，将带
来截然不同的经济效益。

保持危机感

38. 请不要忘记自己的职位上"存在更低价、高效的竞争对手"［→ P161］

你时常带着竞争意识工作吗？对变化保持敏感、保持危机感的人才能应对变化。

39. 不可麻痹大意，认为机会比比皆是［→ P165］

你时刻保持着紧迫感吗？你对待工作全力以赴了吗？请充分珍惜、利用不可多得的机会。那些聪明过人却无法跻身一流的人，多半败在"麻痹大意"。

超出对方期待

40. 做出高于薪资、职位的工作成果［→ P168］

有多少工作是"离开自己就无法运转"的？商业伙伴及顾客满意的口碑，将大大提升我们的工作价值与责任感。

41. 每日工作中，"多跑一英里"［→ P171］

你付出超出自身极限的努力了吗？工作表现超出周围的期待，是所有商务的基本。

42. 为公司留下"精神遗产"［→ P175］

自己的存在，给公司带来了多少有益变化？离开公司之后能够留下的东西，才是你对公司真正的贡献。

章末专栏

43. 用燃烧的斗志，战胜周围的反对、自身的失败［→ P179］

你不惧周围人的反对与潜在的失败，勇敢迎接挑战了吗？是否强大到相信自己，并从失败中爬起，是成败的关键。

第**4**章

一流的领导能力

深受周围支持的人，这些地方与众不同

竞争越是白热化，优秀人才之间越是容易短兵相接。

因此，最终决胜的关键，除了在于你是否时刻主动提高个人的工作质量，还在于你收获了多少周围人的支持。个人头脑、技能方面的差距不足为奇，但品德、人脉方面的差距往往天差地别。

让我们回忆一下，自己在公司中，在迄今为止的社会生活中，遇到的最为尊敬的"楷模"人物吧。

这些品德高尚的人，总是让我们发自真心地觉得"为了他，我愿助一臂之力！"，不由自主地想去支持他。这样的人是谁呢？他可能是公司、学校里的某个人物，也可能存在于个人生活场景中。

本章想与大家共同讨论这些让我们憧憬着"成为这样的人"、希望"跟随这样的人"的一流领导者身上所具备的以下要素。

【重视他人】

1. 真诚礼待每个人　2. 珍惜他人信赖

【提携部下】

3. 尊重部下　4. 让部下受益　5. 帮助部下成长

【做好表率】

6. 以身作则

说起"品德"，人们首先想起的是孔子时代的德治思想。当然，仅凭品德高尚这一点就能吸引如颜渊一般优秀的弟子，也是极其罕见的。但不可否认的是，如果一个人并非彬彬有礼、珍视他人对他的信赖，那么一定没有人会仰慕他的品德，追随他。

其次，"品德"也与日本镰仓时代的"御恩与奉公"精神异曲同工，自己愿鼎力相助的，难道不是那些"时常关照自己"、乐于助人且善于助人的人吗？

特别是那份帮助我们开拓人生的恩情，令人永生难忘。那可能是给予我们人生指导与灵感之恩，也可能是为我们具体引荐、介绍机会之恩。

当我们身处困苦之中，孤立无援之际，上述品德高尚的人会为我们雪中送炭。

因此，在感叹"周围人都不支持自己"之前，我们应该简单地反问一下自己：自己究竟又为周围带来了怎样的益处呢？

我们不妨回忆一下那些扯我们后腿、对我们不友善，甚至心怀不满的人吧。

他可能是阻碍你晋升的上司，可能是夺取你工作机会的同事，也可能是在公司评比前夕这一不容出错的紧要关头，却不愿配合你好好完成工作的部下。

这些人之间有且只有一个共通之处——你的的确确没有给他们带来任何利益（当然，如果对方神经大条、不知感恩又自私自利，则另当别论）。

这里所说的"利益"并不是什么散发着铜臭的功利性话题，当然不存在任何利害关系的人际关系最坚实可靠。这里要说的，是你是否具备为对方利益着想、试图让对方受益的行为特征。

如此说来，一流领导者大抵属于"无私奉献型"（give and give），他们的行为总是能惠及周围人。

二流人才大多是"有来有往型"（give and take），先让多方受益，后期待回报。

与之相对，三流人才则是"来而不往型"（take and take），一味接受别人恩惠而不知回报。

当然，最糟糕的还属"以怨报德型"（take and angry），明明在对方那里搜刮一空，最后还一脸怨愤地表示"这个人什么都不帮我"！

因此，一流领导者总是得众人追随，受八方支援。而二流人才常常被人疏远，甚至被周围人故意拖后腿。

最重要的是，一流人才凭借着自身的人格魅力，被众人视作行为楷模、憧憬的对象，人人都想"成为像他那样的人"。

是否具备"让人甘愿跟随的领导能力"，是单纯的精英及一流领导者的分水岭。本章就培养该领导能力时不可或缺的重要思维习惯，和大家一起展开思考和探索。

44. 出租车司机早已看透一切

不以地位区别待人

　　"长濑先生，您对待出租车司机、乘务员、酒店的服务员等，都非常礼貌客气啊。出类拔萃的优秀人物果然都是这样的吗？"

　　这是我在马来西亚的文华东方酒店，与某巨型企业的创始人长濑先生（化名，52岁）一边吃着中国菜，一边喝着不明粉红饮料，所进行的谈话的一部分。

　　他在我的人际网中可算是最富有、社会地位最高的人士之一，可对待任何人，他都坦率真诚，举止礼貌郑重，非常尊重对方。

　　长濑先生出身于非常富有的资本家家庭，从小家里就雇用了很多女仆、司机。于是他的父亲经常教导他："听好了，司机叔叔其实早就看透了我们家中的一切。因此，如果你以后不能成为一个让司机尊敬的人，就不算真正的大人物。"

　　的确，很多司机都被聘用为大公司的会长等重要人物的专属司机，这是一个能够接触各色人物、细致观察人性的职业。

　　我认识的一位司机也曾说过："很多职业人士当着会长的面对我客气礼貌，会长一走，马上就变得粗鲁而傲慢。"

　　而长濑先生从刚进欧系投资银行开始，平日里就对公司专聘的司机特别礼貌客气，因此也赢得了司机极大的尊敬与忠诚。

　　有一天，他请那位司机去成田机场接一位来自伦敦总部的管理高层。之后长濑先生晋升为合伙人（共同经营者）时，那个高层说起了这样一件趣闻。

　　"你和公司的司机到底是什么关系啊？从机场到公司，一路上他一直用蹩脚的英文真诚而热切地一个劲地向我们说明你有多么出色。"

　　长濑先生听后大吃一惊，当即表示"我们只是普通的朋友关系"，事后他向司机询问起此事。
　　于是司机笑着做出了以下回答。

"我见过太多商务人士，其中大多数人对待地位不如自己的人时，通常都举止粗鲁傲慢，甚至常常把我当用人使唤。

"然而，只有长濑先生您一直把我视为一个独立个体，加以尊重。我听说公司里经常有人很嫉妒您，不明白'为什么他在公司待遇那么好'，在我看来那都是理所当然的。

"因为您对待任何人都心怀敬意，您是一个特别的存在。"

当然长濑先生绝不是有心计地故意装作礼貌待人，不过听了司机的这席话，他深深理解了年幼时父亲所说的"成为一个让司机尊敬的人"的深刻含义。

45. 弯下腰的稻谷，才会成熟

谦虚，是一流和二流的分水岭

"你能再开快一点吗？啊，又遇到红灯了！你看计价器又涨了 90 日元！！"

乘坐出租车时，很多人的表现都像上述那样，因为自己要迟到了而对着司机乱发脾气。

平日里性格温和的我们，在时间紧迫又遭遇堵车的情况下，是否也曾十分失礼地对出租车司机大发怨言呢？

听了前文中长濑先生的故事后，我在甚为感动之余，深刻地自我检讨了一番，努力告诫自己真诚待人的重要性，对待服务业人员比之前更加礼貌了。

就在前几天，我打车去银座时，一位出租车司机跟我聊起他之前曾担任过某外资医药品制造商的社长专用司机20余年的事情。

于是我说起长濑先生与公司司机的故事，那位司机不无怀念地回忆道：

"您的那位朋友，对待司机很有礼貌，或者说，他把任何人都视为一个独立个体，加以礼遇。

"我在之前的20多年里，服务过很多位社长，因为那个公司的社长任期大概只有3年。我发现，真正厉害、前途无量的人，真正的'人上之人'，对待任何人都态度友好、举止温和，这似乎是他们的共同特征。"

的确，迄今为止，我还没有见过"态度蛮横无理的大人物"。

而那些态度粗鲁、趾高气扬的人，大抵升到"稍微厉害一点"的中层管理职位就止步不前了。

有一句俗语叫"成熟的稻谷会弯腰"，而在真实的商务世界中，弯下腰的稻谷，才会成熟、丰收。

❖ 一流有钱人与单纯暴发户的区别

我认识一位英国的女性友人，在伦敦某巨型跨国企业负责慈善工作，名叫斯蒂芬妮（化名，30岁）。

斯蒂芬妮生得金发碧眼，在学生时代就相貌出众且成绩傲人。但她从不自命清高，总是一条休闲牛仔裤搭配着款式几乎不变的毛衣，坐在地板上看书，对任何人都采取一视同仁的友好态度，这一点让我十分敬佩。

数年后，我与她在伦敦再次相遇，接下来的事情让我大吃一惊：因为某些原因，我从一场错综复杂的讨论中第一次得知，她的祖父变卖了家族创建的银行，于是她的信托账户中一夜之间多了数千亿日元的资金。

如今想来，她的姓确实与那家银行的名字相同，但我万万没想到，她居然是该银行创始家族的千金。

这件事，她的周围无一人知晓。看到她平日里谦虚的言谈举止，谁都不会想到她居然是个超级有钱的人。她的举止实在过于脚踏实地，散发的感觉更接近一个饱尝生活艰辛的人。

每每回想起像斯蒂芬妮小姐那样的人——异常富裕，能力很强，相貌也丝毫不逊于专业模特，却依然对任何人都谦虚有礼、态度温和——我就深感值得学习的东西还有很多。而当看到那些稍微有了点小钱，在学习或工作上稍微做出了点小成绩，就迫不及待地四处耀武扬威的"小官吏型精英"，我就不由得为他们感到尴尬，并告诫自己绝对不要成为那样的人。

环顾我的四周，我发现，工作稍微有点成就、荷包稍微鼓起一点的人，不知为何往往比那些真正异常优秀、异常富有的人要不可一世得多。

在本节中登场的长濑先生和斯蒂芬妮小姐都是非常正面的事例，这告诉我们，是否具备对待任何人都谦逊有礼、重视他人的态度，是真正一流、内心同样富有的有钱人和单纯暴发户之间的重要差别。

46. 他人信赖，才是领导能力的基础

领导能力的核心，在于他人信赖与风险管理

"长濑先生，您真是结交了各式各样的一流朋友呢。不仅有财政界人士，还有媒体、艺术界朋友。不仅职业多样，连性格也不尽相同。所以您是通过强大的包容力，打造了这么广泛的人际关系吗？"

"不，武贵，虽然我交友较为广泛，不过在上述多样性中，存在着一个共性——值得信赖。我是绝对不会和不值得信赖的人打交道的。"

这是我和前文中的长濑先生共同前往某处时，在车内进行的交谈。

不仅是长濑先生，多年来我辗转工作过的各个业界中的大人物，都异口同声地表示：信赖，才是成功的秘诀。

当然，说起工作上的信赖关系，重要的是，我们自己首先要清楚：作为职业人士，我可以完美解决哪部分工作，而又有哪部分工作是无法满足对方期待的。

不过，上述一流人士的共通之处在于，他们在以职业人士的身份获取对方信赖之前，已经在"人"这一个体层面上，赢得了对方的信赖与尊敬。

"想为对方做些什么"这一情感冲动，基本上以是否"信赖对方"为基础。也正是这份信赖，能够将名片上的名字从"单纯的相识"变成"紧要关头愿意帮你一把的人脉"。

从该意义上说，获得多少人的信任，决定了你自身领导能力的大小。

桑妮·吉尔斯博士曾在《哈佛商业评论》上发表过一份调查报告的结果，该调查面向195位世界级管理人士研究了"对领导能力而言，最重要的素质是什么"这一问题。结果显示，荣居首位的答案是"强烈的伦理道德观"。

其他回答还包括"提出明确的目标与目的""告知部下明确的期待值""愿意改变想法的灵活性""进取心""透明、频繁的沟通""与部下荣辱与共的连带意识""鼓励部下进行伴随风险的挑战"等。而远比这些素质重要的，就是上文中的"强烈的伦理道德观"，归根结底，说的还是"信赖"这一要素。

相比之下，个人工作表现非常优秀却无法有大作为的人，问题多半出在周围人对其信赖度不高而非能力不足上。同时，那些明明很优秀却屡遭暗算的人，大抵是在信赖问题上摔了跟头。

❖ 守法意识与风险管理，才是"防守领导力"的核心

谈到信赖，就不得不说一说，彻底的风险管理的重要性。

一流的职业人士不仅擅长强攻，防守方面也是固若金汤。

在商务实战中最重要的"防守"就是贯彻落实守法意识。

我们不时耳闻，曾经轰动一时的某著名经营者、投资家非常轻易地被送入了监狱。这样的例子不胜枚举，他们大多因为违法乱纪吃了大亏。我们踏入社会后，越想将事业做大，越应该加强风险管理，以确保"无论别人如何吹毛求疵，我自岿然不动"，这大大左右着我们事业的可持续性。

我十分尊敬的柴刈先生（化名，58岁）曾时常苦口婆心地教导我，"绝对不要和反社会组织有所来往"。

要想获取他人信任，重要的是要做到不说谎、倾听对方意

见、不将自己的见解强加于人、严格守时、减少失误、遵守约定，这些也是理所当然的。还有一项便是：不以"没意识到"为借口，与反社会组织来往。

回想一下历代倒台的著名经营者、政治家，我们就会明白，在好不容易建立的职业生涯、仕途中，为防"一失足成千古恨"，守法意识、得当的资金运用和严格的法律风险管理很重要，这些也是"防守领导力"的核心。

时常将他人信赖放于第一位的人们，对可能导致失信的风险十分敏感。他们的座右铭是"建立信赖储蓄"，哪怕蒙受眼前损失，也要争取保住对方的长期信赖。

他们行事光明磊落，不论对手如何刻意挖坑都可以毫无破绽。如果你不能保持这份诚实，并将其最终升华为普照事业之光，那么你距离真正的"一流"还长路漫漫。

47. 先报忧再报喜
聪明的谎话精，不如耿直的老实人前途光明

"武贵，很抱歉，我们还需要下调销售预期。目前的实际销售额远低于之前的销售预期。我们估计，日元还会急剧贬值，届时进口器材的价格也将水涨船高，加之劳动力成本增高，我们的利润可能会急剧下滑……"

我在某外资公开募股资产运营公司工作时，类似上述投资方要求下调销售预期的悲鸣，不知听了多少次。

不仅是证券公司的证券分析师，只要是从事未来数据预测工作的人，都会屡屡遭遇预测严重偏离实际的状况。

世上大多数关于未来的预测，看上去都依据充足，像煞有介事，但真实的未来往往是随机变幻、毫无规律的，即使有规律也令人难以捉摸。

因此，最基本的是，提前做好"对未来的预测大部分都不靠谱"的心理准备，越是明智的人，应对失败时越是干脆利落。

他们深知，比起预测是否准确，**更重要的是，预测失败时能否迅速汇报状况，并打出反败为胜的一记好球，通过自救挽回信誉。**

与之相反，越是二流人才，遭遇失败时越是固执己见，堆砌各类借口，结果只会让信誉损失不断扩大。

失败时维持他人对自己的信赖的要领在于，至少要给对方留下"这是个耿直而磊落的人，有时表里如一得甚至令人担心"这样的印象。

虽然做起来很难，但最终能保护我们自己的，是在发现失误的当下，不论如何难以开口，都耿直地承认错误。我们必须说服自己，现在能够做的防卫术只有"向对方保证信息的公开透明"。

人在感到"被欺骗了""对方还在试图隐藏什么"时，与认为"对方虽然搞砸了工作，但贵在开诚布公"时，他的应对态度会有180度的不同。

❖ 怎样给他人留下"正直、透明"的印象？

在步入社会后的漫长岁月中，你极有可能在将来某一天，将公司配备的装有机密信息的手机落在出租车上，或者将公司的电脑忘在机场的行李安检处。

说来惭愧，上述两个意外我都亲身经历过。步入社会后，我更目睹过规模与这两个意外不可同日而语的巨大丑闻。

遭遇如此意外，你能采取的上上策就是：火速向公司报告你的失误。

即使内心想着"东遮西掩，说不定能瞒天过海"，另一个理智的你也要敢于将这样软弱的自己暴露于阳光之下。像江户时代刚正不阿的远山景元少尉一样，让"试图躲避的自己"供认一切。

对自己不利的信息，我们都恨不得用黑色、蓝色垃圾袋把它层层包裹起来。但一流的商务人士，越是面对不利信息，越是选择使用"透明的塑料袋"，开诚布公地报告给公司和客户，以确保自身的信息透明度。

虽说"知易行难"，但只有能够保证自身透明度的人，才能赢得他人的信赖。

48.

【迷你专栏】
建立"信赖储蓄"

舍弃"眼前利益"，赢得"长期信赖"

　　这是我一位舅父的故事。他在事业有成之前，就经常关照我们其他亲戚。

　　这位排行第三的舅父（76岁）——我母亲南瓜夫人的哥哥——从事金融、房地产租赁行业，积累了一定的财富后，无论对待直系、旁系亲属，还是关系多么远的亲戚中有困难的人，他都慷慨地给予对方物质和精神方面的双重支援，可以说是我们家族中的慈善家。

他重视信赖的程度，甚至超过了我身边那些令人尊敬的商务领导者。我之所以钦佩他，也正是因为他那万分重视他人信赖的态度。

舅父从事的虽然是房地产行业，却重视长期信赖超过短期利益。

他公司拥有的写字楼位于车站附近的繁华地段，因此希望租借的客户络绎不绝。但对于那些已经入驻其中的牙医、房地产同行可能不欢迎的客户，他一概拒绝。

之前，有一家大型消费金融机构希望入驻舅父的写字楼办公，但他谨慎判断后，主动拒绝了。原因是他认为"本来想去楼内的牙医那里看病的患者，可能会因为不想在大楼入口处被误认为是来消费金融机构借钱的，而不再愿意光顾那家牙医"。

这位排行第三的舅父表示："对既有客户可能造成不利的潜在因素，即使可能给自己带来利益，也必须忍痛舍弃"；"比起金钱，更重要的是做好信赖储蓄"。

舅父生于农村，长于农村，平时绝对不说任何人的坏话，总是对别人赞不绝口。

同时，不仅对商业伙伴，对自己的朋友、亲戚，他也都极尽友善，尽量让和他在一起的人获益，因此得到了"只要为这个人做点什么事，他一定会加倍报答你"的好评。

　　不论在国际职场，还是地方农村，能够拉拢人心、走向成功的工作术中，最重要、最基本的就是：**重视信赖，重视他人，尊重对方利益。**

尊重部下

49. 培育尊重部下的企业文化

让部下切实感受到尊重

"我待在这里，真的合适吗……"

前文所述的长濑先生在30来岁时曾获得一次难得的机会，只身参加年销售额高达1兆日元的日本代表性企业的社长、会长聚会。

其他与会者多为六七十岁的著名经营人士，个个都是业界佼佼者。年纪轻轻的长濑先生一个人孤零零地坐在其中，不免感到有些紧张和不自在。这时，与会者中最权威的一个人物（日本零售业中最大规模的企业之一的创始人，个人资产高达数千亿日元）匆匆赶到他身边，非常礼貌而郑重地打招呼说："长濑先生，谢谢你今天特意前来。那么，这边请！"并引导他参与到谈话中。

这就是个人资产高达数千亿日元的会长对他人的一流的关怀。

为了让年轻的长濑先生在长者云集的著名经营者聚会上不感到畏缩和拘谨，聚会的领袖人物亲自给这位比自己小30岁的年轻人送去了关怀。他自然知道，这样的举动会让周围人看待长濑先生的目光发生180度的转变。

而那时的长濑先生，真切体会到了"主动关心比自己年轻的人，郑重地对待他人的重要性"。

不知道是不是因为上述经历的影响，长濑先生对待部下、公司底层员工都非常关照。

例如和部下一起聚餐时，他从来不会让部下给自己斟酒。相反，他非常认真地给部下倒酒、分食物或者倒调味酱油。而且这里说的部下不单指他之下的专务董事或常务董事，即使面对大学刚毕业的新员工，他也一视同仁。

又比如让部下坐餐桌上座，上下电梯时也让部下先走，等等。诸如此类的事例不胜枚举。

这样"尊重部下的企业文化"，在强化企业组织力方面，发挥着巨大威力。

原因在于，部下会因为"这么了不起的大人物居然为自己这么费心"而心生感激，从而大大提升对公司的忠诚度。如果席间还有客人在列，客人也会钦佩长濑先生对部下的关怀，从而大大提升其个人对长濑先生的好感。

同时，周围的员工也会不自觉地开始学习、效仿长濑先生的做法，自然在对待自己的部下、后辈时，变得更为郑重、礼貌。从结果来看，大多数优秀员工会因此选择留在这个职场。

优秀的部下无论走到哪里，都是竞争公司之间争夺的对象。如果部下选择留在公司，仅仅是因为高薪这一冷冰冰的理由，那么公司最终会不可避免地陷入与其他同行的人力资源高薪战。

这样抢手的优秀部下相继离职，不仅会给公司造成严重的人才流失，而且会增强对手公司的实力。如此一来，打击会变成双倍，损失更大。

因此，上司还需要通过高薪以外的手段，即通过让部下产生"被重视"的信赖感、"被尊重的实感"（recognition），提高部下的贡献度，这才是上司大显身手之处。

对待工作水平一流的明星员工，公司如果摆出"多亏了我雇用你"的主人架势，就等于将自己的"种子选手"拱手让人。我们必须牢牢记住的是，经管层与员工之间交涉的主动权，并非总握在公司手里。

❖ 让比自己聪明的部下感受到工作的价值

对于上述明星员工，不能摆出"多亏了我雇用你"的施恩姿态，而应该将他们当作"为公司工作的资深老师"，这才是和他们相处的正确方式。

而且，应该在公司营造不分年龄与职位、将员工视为一名职业人士给予尊重的文化氛围。同时，重视工作的社会性意义，想方设法地关怀部下，让他们为自己的工作感到骄傲。

然而越是二流的上司，对待部下、店员越是粗暴无礼，凡事都奉行权威主义，在待人接物方面尽失人心。

如果你一直采取高压态度对待部下，他们却没有辞职，那么你反而应该担心了。这说明公司里会聚的全是实在没有其他去处、只能在严酷上司的威严之下委曲求全的"人才"。

我以前工作的公司里有一位非常聪明的上司，他在招聘面试中的口头禅就是"聘用比自己聪明的人"，也就是"让有助于自己成功的人才环绕在自己身边"。

那位上司说到做到，确实只聘用比自己更有能力的人，并将其定为招聘方针。因此那位上司做经理期间，团队里人才济济。

对待团队里的那些"明星选手"，他绝不采取高压态度，而总是以平等的朋友身份去接触他们。

那么，身为上司的我们，是否重视部下，让他们感受到工作价值的同时，心情舒畅地工作了呢？

能否为优秀人才提供令其觉得有干劲、有价值的工作内容、职场环境和企业文化，能够招揽多少比自己优秀的拔尖人才，决定着你是否真正具有领导者的资质。

50. 部下的婚丧嫁娶，正确应对尤其重要

尊重部下的私生活

"今天我是不会去公司的。那项工作，并不是非我不可吧？"

这是发生在某年轻投资银行家婚礼当日的一件事。

婚礼的男主角栉田先生（化名，30岁），平日里是个温和爱笑的人，很少与人发生争执，协调性极高。对待上司也以绝对服从为宗旨，有时即使勉强自己，也几乎对上司有求必应。

然而，这样好脾气的他第一次违抗了上司要求休息日加班的命令。理由只有一个，上司也早就知道——那一天栉田先生在举行自己的婚礼。

诸如上述"在部下人生的重大时刻，却依然不可思议地给部下指派工作"的上司，在一定程度上确实存在。

我有一位女性友人，在日本某大型智囊机构工作。在父母病危之际，她向公司提出休假申请，打算赶回老家九州，却收到了

新任部长这样的回复邮件："以前，我自己在给父母送终和工作之间，毅然选择了工作。在我看来，这是理所当然的。"而且，他还特意将邮件抄送给了上层董事。

结果过了不久，那位新任部长就被降职了。不仅是因为他在部下遭逢家人病危之际不准假，还因为他暴露了自己低下的判断能力，强行将董事阶层卷入这类纷争。

❖ 对他人婚丧嫁娶的应对方式，对人际关系产生决定性影响

这让我想起了自己父亲病危时的情景。当时我正在某大型资产运营公司担任分析师。

那是我即将在公司内部做某重要企划报告的前一日，我突然

接到了父亲病倒、被紧急送往医院的通知。

没想到，在父亲四散于海外的众多儿女中，我成了唯一给父亲送终的孩子。时至今日，我依然清晰地记得自己一边呼唤着父亲，一边目睹他接受心脏除颤的最后瞬间。

父亲就那样去世了。我静下来想了想接下来的事情，首先跟公司取得了联系，刚说起"我父亲去世了。明天的演讲……"，公司马上表示"工作什么的已经不重要了，你先照顾好家人。请尽心安抚好你的母亲"。当时我的内心真是感激涕零。

员工确信公司、上司没有把自己单纯地当作"工作的棋子"，而是"当作一个独立个体加以尊重"，这份信赖感会大大提升他们对公司的忠诚度。从结果来看，这样的员工关怀最终会变成极有价值的投资。

虽然父亲过世已经很多年了，但当时那些送花的人，表示遗憾、劝我节哀的上司的名字，至今依然深深地烙在我心中。

让部下受益

51. 提升部下的市场价值
支持部下实现自我

"武贵，你要考虑一下，部下和你一起工作，学到了多少东西，得到了多少 rewarding（有价值的东西），他们是否觉得跟你一起工作很幸运。"

这是我刚入职场时，一位尊敬的上司对我说的一席话。

如果你身为上司，却不能让一起工作的部下切实感受到自身的进步，那么部下必然在内心认为你是无能的。他们还会因此丧失为这家公司、这位上司拼命努力的意愿。我毕业后进的第一家公司就有这样的上司，虽然不便明言是谁，但他对待部下确实如奴隶一般，随意差遣他们做一些繁重的工作。

这位上司大概会在半夜两点若无其事地走近你的办公桌，将一份厚重的资料扔到你面前，告诉你"这份资料明早6点以前完成就可以，交给你了"，然后自己坦然地回家去。

　　这个人分派下来的工作，可能是将他手绘的、别人很难看懂的乱七八糟的图表改成PPT，可能是将一大堆意义不明的数字敲进Excel，或者是将一封无太大作用的信件传真给欧洲某公司，总之净是些琐碎的杂活。

　　身处这种只有杂活的职场，不仅很难学到知识，还会严重耗损体力、精神。如此状态下的部下们，只会诅咒将自己逼到这般田地的上司，根本谈不上崇拜与追随。

❖ 你相信"上司会帮助自己提高市场价值"吗？

　　像上述那样不断重复的无法切实感受到自身成长的工作，部下会逐渐绝望地意识到"和这个上司一起工作学不到东西""除了能提高PPT、Excel制作能力，自己的市场价值根本得不到提高"，为这个上司工作的意愿也会骤减至-2000%。

实际上，这样的职场离职率非常高，即使好不容易聘请到潜力员工，也会因为后续关系维系不佳，早早地失去人才。

在我的处女作中，有一小节曾介绍过一位印度管理人士的名言，在此我想再强调一遍：上司应该考虑的是，自己是否有能力让部下成长，让部下相信"在这个人手下工作，数年后我也可以在人才市场中变得抢手"。

在新加坡著名的主权财富基金工作的我的某位友人也表示，经理以上职位的评价指标中重要的一项是"是否致力于提升部下的市场价值，帮助他们实现自我"。可见，越是优秀的组织、优秀的管理人士，越会主动帮助部下提升技能、实现自我。

在你手下工作的部下，是否能因此提升自己的市场价值，这是一流领导者与单纯的二流上司之间的界线。

52. 哪怕耗费公司资金，也让部下尝试"有趣的工作"

为了部下的成长，宁可牺牲公司短期利益

"啊？也要带樱子小姐去欧洲出差吗？"

在我迄今为止漫长的职业生涯中，有幸遇到过很多位胸怀宽广、有容人之量的大气上司。他们共通的特性在于**"重视部下的长期成长与工作干劲，哪怕为此牺牲公司的短期利益"**。

"虽说是部下，也不能老让他们做那些没有意思的打下手的工作。不然谁都会丧失干劲，做不长久。"

"我也在某投资银行做过分析师，那样的工作持续做两年的话，真的挺难为人的。因为实在是太无聊了。"

这是他们的口头禅。

让部下做"有趣的工作"、重视部下的成长这一企业文化，在增强企业竞争力方面有着惊人的威力。

只有平时让他们有机会做一些"有趣的工作"，并尊重他们，这些优秀员工在受到竞争公司多方拉拢之际，才会抱着"想为这样的上司工作"的强烈意愿，选择留在公司。

❖ "有趣的工作""有助员工成长的工作"，往往耗费公司的资金和时间

极少一部分真正重视员工的好公司，有时即使牺牲效率，也愿意花费资金和时间成全员工的进步。

例如，某世界顶级规模的投资基金公司，在深知并非高效之举的基础上，特意让法律方面的专家去做投资工作，让投资方面的专家去制作合同书，为的是让员工去体验自己做不了的工作，从而形成对工作全貌的整体印象。

还有一个发生在我身边的例子：某公司管理人士特意让平时只负责会议安排、数据录入、预订餐厅和机票等"不怎么令人兴奋的工作"的秘书，一同前往欧洲参加大型会议。虽说怎么看都没有必要，但该领导还是以"积累经验"为由带她去了（当然也有秘书不过是情人一说）。

换作普通的公司，一定会觉得完全没有必要做到这种程度。而"为了员工的成长和干劲，宁愿在一定程度上牺牲公司利

益"，是我从一流的上司们的行动中学习到的又一伟大的共性。

员工因"上司让我做'有趣的工作'"产生的感激之情，会内化为对上司、对公司的忠诚度，从而提高工作动力。"不单单重视公司利益、效率，还愿意让部下做有趣的工作"，将大大改变公司的向心力和凝聚力。

帮助部下成长

53. 让重要的幕后工作重见阳光

赞扬部下，激发他们的工作动力

"你的那篇报告，写得真精彩啊！非常好！"

平时沉默寡言的上司托马斯先生（化名，45岁），在我找他谈别的工作时，出其不意地表扬了我那篇自己也认为花费了一番心力的报告。

托马斯性格内向而腼腆，平日里不算是好相处的类型。但实际上他一直都在认真地关注每个人的工作细节，这一点着实令人钦佩。

对部下而言，所需要、所期待的回报，绝不仅限于金钱一项。特别是年轻部下，希望自己的贡献得到认可的"被认可欲"与在意自己的成长曲线高度的"成长欲"非常强烈。

尤其在日本，在员工对公司的满意度调查中，比起金钱报酬，"是否得到公司的认可""能否学到东西""能否实现自我”等要素占据着更大的比重。

因此，上司必须将部下强烈的被认可欲与成长欲，巧妙转化为他们的工作动力。

接下来的内容可能有些离题：不少调查结果显示，如果给员工的报酬只有金钱，那么员工们当初的"为了实现自我""为了看到客户满意的笑容"等工作动机，将自动转化为金钱报酬。

大家应该听说过以下稍微有些残酷的实验：向讨厌的人扔石子，就可以获得10美元报酬。

最开始，实验对象们都非常开心——既可以用石子攻击自己讨厌的人，又能额外获得金钱奖励，何乐而不为呢？

实验过程中，金钱报酬逐渐被提高至20美元、50美元，直到100美元。然后研究人员突然宣布停止支付报酬。令人吃惊的是，实验对象们立即停止了对讨厌的人的石子攻击。这项意味深长的实验表明，实验对象们当初攻击别人的动机，已经被以金钱为主的报酬制度彻底瓦解。

❖ 表扬对方工作中"精益求精的地方"

对部下而言，没有什么比自己精心完成的工作被完全忽视更令他们感到空虚的了。

努力表现得再好，也完全得不到上司的表扬，这会增强部下"对牛弹琴""竹篮打水"的空虚感，工作动力自然会随之消失。

台前的、如向日葵般耀眼的工作，不只直属上司，任何人都能够看到。是不是一位好上司，还在于他能否将周围人一般关注不到的却很重要的幕后工作置于阳光之下，并在公司内外赞扬这些部下的贡献。

特别值得一提的是，表扬对方的工作时，要着重表扬对方工作中最费心力、最精益求精的地方，这样更有利于提高对方的工作动力。

这一点并不仅限于工作场合。

例如，在酒吧看到晶莹锃亮、不带一丝水渍的玻璃杯时，在寿司店看到寿司食材上暗藏的绝妙刀功时，在小巧精致的法国餐厅吃到店里貌似随意推出却无比美味的长棍面包时，精准地察觉到这些并不显眼甚至易被忽视的精益求精之处，赞扬蕴藏其中的努力和真诚，可以进一步调动对方的工作动力，促进对方发挥出一流的工作水准。

回顾一下身为上司的自己，平时是否像太阳照耀那些原本绽放在阴暗之处的蒲公英一般，让那些默默无闻的幕后努力重获光明？

认真关注、赞扬那些虽不显眼但对团体而言至关重要的朴素工作，也是上司的重要工作之一。

54. 绷紧部下的神经

上司"无法随便敷衍"，有助于部下成长

"你在部下心目中树立起'无法随便敷衍'的形象了吗？"

这是我在新加坡工作时，在公司内部评定中被问到的一项标准。

身为上司，在高度评价员工力求完美的工作表现的同时，如果轻易放过那些偷工减料、敷衍了事的工作表现，会让部下们误以为"那种程度也能糊弄过去啊"，导致工作纪律的松弛和崩坏。

例如，面对部下漏洞百出的会议记录、马虎随意的会议准备、前言不搭后语的资料内容、蹩脚难懂的英语邮件表达、单纯的数字失误等随意应付的低质量工作成果，如果上司像"粗孔的筛子"一样统统放行，不予追究，就会导致日常工作的完成度标准下滑，同时让部下失去对工作的危机感和紧张感。

当然，这并不是要求我们抓住任何人都不会在意的地方，"鸡蛋里挑骨头"，那也会出现问题。但**具备不放过部下（有时候还有自己的上司）小小失误的注意力和紧张感，是一流上司的基本素质。**

身为管理人士，很大一部分职责在于检查并改善经验尚浅的部下提交的工作成果，以确保其品质达到以公司名义对外推出的水平。

❖ 部下是否认为"上司看透了一切"？

如果你不能让别人打包票地认为"工作交给这个人检查，品质方面一定没问题"，那么你永远都无法摆脱工作需要别人确认的身份，也不会晋升到检查他人工作、为他人的工作品质做保证的位置。

上司必须让部下认为，自己已经看透了哪些工作表现是优秀的、全力以赴的，哪些是马虎的、偷工减料的。这至关重要，决定着员工能否自发努力达到专业水准。

上司在促进部下成长时，重要的是，无论部下的工作表现是优秀还是敷衍了事，上司都能够认真关注，并给予必要的反馈和训练。

55. 带领部下集体辞职，才是上司中的佼佼者

帮助自己成长的上司，部下对其终生难忘

"真正优秀的领导者与不上不下的中层管理者的区别在于，他本人辞职时，是否有人、有多少人愿意和他一起辞职。同时，真正能不断晋升的人，往往得益于部下强有力的支持。"

这是就职于某外资制药公司的友人辛迪（化名，29岁）在新加坡的高级公寓Heritage一角对我发表的一番看法。

这位才女从名牌大学新加坡国立大学毕业后，先进入投资银行工作，后取得了宾夕法尼亚大学沃顿商学院的MBA。她在评价自己所在的跨国企业的上司时，说了上述那番话。

她还说起，因为一直关照自己的顶尖的经理跳槽去了其他公司，她也正打算跟随他一起去新公司。

她所说的关照，指的是那位上司总是让她参与到他争取来的重要项目中，并经常给她安排一些促进成长的必要性挑战，时常

关注她是否正处于一个有利于自身成长与发展的环境中。

像这样的明星员工决定辞职时，外资企业往往会提出为他加薪，有时甚至会以现行薪资三倍的条件来挽留他。

为什么公司愿意如此大费周章地挽留这样的人才呢？

因为顶尖精英离职，不仅会带走公司的重要客户资源，还会引发仰慕、追随他的部下集体出走，而这些部下本身往往也是不可多得的优秀人才。

❖ 跳槽时的薪资待遇，因是否"捆绑"部下、客户而天差地远

在"人才就是一切"的商务模式下，尤其在众多的服务行业中，能够率领多少人才一同辞职，大大左右着其自身的价值。

实际上，任何职业岗位上都不至于严重缺乏优秀人才，因此单就个人技能而言，公司有众多替代选择，不会为你个人开出"天价"。但如果你"捆绑"着优质客户群、优秀部下，以资源"套装"的形式前来，待遇瞬间便会天差地远。

经常有人自恃比周围人厉害一点，就不时暗示性地表示"要是在公司不称心如意，就可能辞职"，试图和公司交涉。其实大

部分公司不会因单个人的辞职而有所动容。

　　相反，如果你有能力带着客户群与公司的明星员工们一起，以团队为单位跳槽，那就另当别论了。因为这会急剧削弱现在公司的实力，大幅增强对手公司的竞争力，引发业界实力分布的剧烈动荡。这时公司才会开始认真考虑挽留之策。

　　"你辞职时，周围会有谁愿意和你一起走？" 这一问题，将启发你重新衡量自己在公司内部的领导能力。

　　如果你只是个人工作能力强，而做不到平日多提携部下成长，不能让他们感受到你希望他们成功、幸福的心意，不能获得他们"和这个人一起跳槽的话，我很乐意"这样强有力的行动支持，你就无法成为真正一流的商务领导者。

56. 企业高层才更应该扫厕所？

部下仰视着上司成长

"武贵，洗脸池上的水渍必须擦干净啊。这样邋遢是绝对不行的。"

我还在以前的公司工作时，曾遇到过一件令我真心羞愧的事情：某一天，在洗手间洗完手后，我没有随手擦去溅到洗脸池上的水渍，这时公司最高管理者、会长走过来，用纸巾替我认真地擦去了那些水渍。

然后，他说道："现在很多人都不会为之后使用洗脸池的人着想。武贵你也要注意了。"

听到这番话，我不由得沉痛反思：连最高层的会长都会认真清理洗手间的洗脸池，而远远在其之下的我，又有什么理由对工作挑三拣四呢！

　　所谓的杰出上司，境界早已超越了"各人自扫门前雪"的官僚主义层面，只要是企业需要的事情，他们都会以主人翁的姿态主动承担。**通过这样的行为模式，树立起"组织高层平日里为人也这么出色"的形象，激励组织中的其他人效仿，不断追求上进。**

　　因此我们经常会听到"社长扫厕所也能扫出公司业绩"这样的传闻。

　　这让我想起了前几天听到的一件逸事：某进军中国市场的日资企业的业绩总不见起色，社长试过很多方法，但中国当地的团队似乎并不为之所动，于是社长想起了上述传闻，开始清理起厕所。

　　最开始大家都觉得"社长脑子坏掉了吧？"，但渐渐地都开始帮忙清扫起来。结果公司在短时间内就实现了"整理整顿"，业绩也迎来了迅速反弹。

❖ 部下时刻仰望着上司的背影

当然，我的意思并不是在号召大家都去"打扫公司的厕所"。

不过，面对那些本来应该由部下完成的、"一般大家都不愿意做的工作"，身为上司的你率先拿出追求完美的态度以身作则，既能赢得部下的尊重，又能让他们自发行动起来。

上文中的那位会长平日里谈话也颇有格局和深度，他经常表示"工作只为了赚钱可不行。重要的是通过工作变成一个更出色的自己"。正因为上司自身人品高尚，才能感化组织中的其他人，促进他们成长的同时，提升企业的整体实力。

身为上司，除了靠语言，还要靠行动以身作则，让周围人"想要成为像上司一样出色的人"，才能获得周围人的尊敬与支持。

57. 上层一旦松懈，整体士气急剧下滑

上司身先士卒，部下才愿意跟随

"我们公司又不是严格的金字塔等级制，真希望上层管理者也能多自己动动手，做一些我们基层员工做的工作。"

"亚历克斯总是把所有'脏活、重活'（以制作图表等 Excel 操作为主的麻烦工作）推给别人，自己只挑有意思的工作做。"

以上这些，都是表现糟糕的中层管理者们在年末的360度评价中，不得不面对的来自部下的典型反馈。

如果将无聊的工作都推给部下的同时，自己做一些重要的工作也就罢了，可还有不少上司，把工作全摊派给部下，自己却整日"游手好闲"一般自在。

这种现象在有着严格的金字塔等级结构的公司内部更为明显：一般员工直至科长级别都在动手处理堆积如山的枯燥资料，

忙得晕头转向；而到了科长以上的部长级别，很多人基本上将麻烦的工作统统抛给部下后，自己几乎什么都不做。

他们每天来到公司，也不过是读读报纸，不断地和关系要好的朋友重复着冗长的、谜一般的会议，不见任何工作成效，让人不清楚他们究竟是在工作还是在玩乐。

而越是这样沦为"不劳而获的中年大叔"的二流上班族，越是爱随意使唤部下，尽可能将所有麻烦扔给部下，自己早早回家。

❖ 上司"只动口不动手"，部下自然士气一落千丈

如果上司都懒散无比，平时只知动口，不动手做任何工作，那么部下士气低迷也是理所当然的。

试想一下，换作战国时期或任何战争时代，战场上国王或将军一溜烟地逃到安全地带，却对着部下大喊"出战！冲啊！……鄙人留下殿后！"，相信没有士兵会真心为他们卖命。同样地，如果领导者自己不身先士卒、冲锋陷阵，部下不可能全力以赴。

我在迄今为止的职业生涯中，参与过各式各样的公司振兴、复苏项目，从中发现，企业整体的变化还是依赖于社长通过自身

行动向部下展示的是什么。

　　高层经营者只有以拼命、疯狂的态度投入工作，每天最早去公司、最晚离开，会议、出差行程紧凑，绝不浪费时间，以身作则，部下才会效仿上司，自发地提升紧迫感，不断激励自己吃苦钻研。

58.

【二流】200 人中排名最末位的无能上司

上司失去部下信赖后的悲惨结局

> "我……我们公司的工作，又不是在打橄榄球！！"

我记忆中的二流上司们，大概是不会自己动手工作的。自己不做工作，然后将自己必须做的工作一股脑儿地全抛给部下。

他们转嫁工作的架势，像极了打橄榄球的动作：在一场激烈得让五郎丸（日本著名橄榄球选手）都措手不及的橄榄球比赛中，只见橄榄球朝他们飞来了，他们马上借助一个转身就麻利地将球传给了别人——他们就是这样，以迅雷不及掩耳之势将上面安排的工作全抛给自己的部下。

善于使用"转嫁术"的上司们，基本上认为"工作就是把他人当作杠杆（以别人的努力为杠杆，让自己坐享其成）"，多年安逸的环境，让他们形成了"自己动手工作，怎么可能！"的潜意识。

　　这样的"橄榄球上司"，自己往往只挑工作中最有价值的、最有趣的部分处理，剩下的那些枯燥的、不能学到任何东西的工作，那些费时费力的单纯作业，都立即抛给部下。当然如果那些工作完成得很出色，功劳也全归自己；失败了的话，也可以公然归罪于部下。

　　只是如此分配工作，自然逃不过周围人雪亮的眼睛。这样的上司大多无法得到身边人的支持，最终只能自取灭亡。

　　例如标题中真实存在的那位二流上司，他在某大型跨国企业工作，该企业为从总监队伍中选拔合伙人，对来自世界各国的200名总监进行了统一评比，结果他赫然排在第200位，"荣获"

最低评价。

在新导入的360度评价体系中，该上司虽然依靠阿谀奉承获得了上层的较高评价，却被自己的部下集体批判得一无是处，最终获得了公司内部的最低评价。

结果，这位总监不久之后就被迫离开了公司。

❖ 离开了部下的支持，上司无法走向更高的职位

接下来的内容是我的一位就职于某日系证券公司的后辈的经历。用他的话说，**一流的上司，不仅时时关心客户利益，也常常顾及包括部下等在内的众人的职业升级，因此能获得周围的支持。**

与之相反，那些不温不火、默默止步于中低层管理职位的上司，不仅自己不工作，还将工作都推给部下，因此往往招致部下的怨恨，被部下暗地里拖后腿。

实际上，我的这位后辈也常常愤愤不平于上司蛮横的工作安排，有时会像安置定时炸弹一般，在工作中留下小失误、小隐患，作为对上司无声的报复。

对于上述二流上司，身边总不乏伺机算计他的人，他们正虎

视眈眈地等待着反击的时机呢。

赢得周围广泛支持的人与备受周围拖累的人竞争时，哪方获胜不言而喻。

❖ 第四章要点

**真诚礼待
每个人**

44. 不在出租车上目中无人 ［→ P192］

你对待任何人都礼貌真诚吗？根据地位高低势利待人的人，无法取得大成就。

45. 谦虚低头的稻谷，才会成熟 ［→ P195］

你平时保持谦虚低调了吗？越是略有小成的人，越容易耀武扬威。谦虚才是一流与二流的分水岭。

珍惜他人信赖

46. 面对可能失信的风险，保持敏感与警惕 ［→ P199］

你将他人的信赖放于首位了吗？受他人信赖的程度，决定了你领导能力的高低。

47. 精明的谎话精，不如正直的老实人前途光明 ［→ P203］

你主动向公司、客户报告坏消息了吗？遭遇失败时，只有透明、正直地应对，才能打出挽回信誉、"反败为胜"的一记好球。

48. 尊重对方的长期利益——建立"信赖储蓄" ［→ P207］

比起"短期利益"，你是否更重视"长期信赖"？珍视他人的信赖、重视他人、尊重对方利益的态度有利于构筑长期的信赖关系。

尊重部下

49. 向部下表示敬意 ［→ P210］

你在公司中营造出"尊重部下的企业文化"了吗？该企业文化在增强公司组织力方面，能够发挥强大的效力。

50. 对部下婚丧嫁娶的应对,大大左右着人际关系[→P215]
你是否尊重部下的私生活?请用行动告诉他们,你并没有视他们为工作的棋子,而是将他们作为独立的个体加以尊重。

让部下受益

51. 提升部下的市场价值[→P218]
和你一起工作,你的部下能获得什么?请帮助部下实现自我,提升他们的市场价值。

52. 哪怕耗费公司资金,也要让部下尝试"有趣的工作"[→P221]
你让部下体验"有趣的工作"了吗?有时哪怕是牺牲利益和效率,也不妨让他们体验一番"有趣的工作"。

帮助部下成长

53. 不起眼的幕后工作,也请认真赞扬[→P224]
你经常赞扬部下,以提高他们的工作动力吗?请将那些易被周围忽略又极其重要的"幕后工作"置于阳光之下,公正评价吧!

54. 不做"粗孔筛子式"上司[→P228]
你绷紧部下的神经了吗?施加"无法随便敷衍"的紧张感,有助于部下的成长。

55. 对帮助自己成长的上司,员工的忠诚度极高[→P231]
你决定辞职之际,谁愿意跟随你一起离开?能否率领部下和客户一同离开,决定了跳槽的成功与否。

以身作则

章末专栏

第 **5** 章

一流的自我实现

认知自我，解放自我

读到这里，首先请大家跟我一起伸展双臂、深呼吸，放松一下。愉快的时光总是很短暂的，我们终于迎来了最后一章。

实际上，这最后一章，也耗费了最长时间。因为讨论"直面自己，实现自我"这一话题，着实需要严谨认真的自我探索、自我思考。

想要直面人生，冥想是个好办法。在这方面，印度应该是当仁不让的。虽然并非因为这个原因，但机缘巧合之下，这最后一章是我在印度德里参加友人的婚礼期间执笔写就的。

我以前留学的INSEAD，印度留学生居多，因此结识了不少印度朋友。他们结婚时总会举行为期将近一周的大型派对，广邀世界各地的朋友前去狂欢，我近期的休假基本全都贡献给了这些婚礼。

　　于是，印度的婚礼也变成了留学同窗的聚会。和这些如今遍布世界各地、睽违已久的朋友谈天说地，我发现很多人在各自的领域都积累了精彩、幸福的职业生涯，这给了我很多良性的刺激和灵感。

　　这些朋友中，有人毕业后就进入咨询公司，通过长年的奋斗成为该公司最年轻的合伙人（经营者）；也有人离开校园后选择了投资银行，在周围同事纷纷离职、自立门户的环境中，经年累月地在该银行稳扎稳打，最终成为银行董事。

　　同时，有的新加坡朋友远离咨询界，从新加坡国立大学毕业后，到INSEAD留学，最后成为一名摄影家；有的法国朋友离开了咨询公司，在新加坡做起了红酒连锁店的风险投资；也有美国朋友从斯坦福大学毕业后，前往INSEAD留学，后不断发展自己的瑜伽兴趣，并开展起相关NGO活动。总之各有各的精彩，大家都在自己喜爱的道路上开拓奋斗着。

　　还有不少人在商业以外的世界寻求到了实现自我的途径。有人辞去了投资银行的工作，成功变身为社会企业家；也有人从哈佛MBA毕业后，在自家开起了小小的咖啡厅；还有人离开外资金融机构后，经营起了美味面包店。

其中有一个人选择去剑桥大学钻研考古学，在过去的20年中，将所有的热情都奉献给了类似"为什么同样形状的石器会出现在亚洲和欧洲完全不同年代的地表层中"的解谜工作。

❖ 通往自我实现的道路
——想做的事 × 能做的事 × 社会需要的事

达到自我实现的必要条件是什么？

前几天，我去东京赤坂著名的鸭肉专门店吃饭，一边享用着美味无比的鸭肉，一边看着店主的女儿满心欢喜地在店里忙活着。

于是我询问她工作起来这么开心的秘诀是什么，她回答道："我喜欢这份工作，拿出自家独特的美味料理，看着面前的顾客心满意足地享用，我也由衷地开心。"仔细想来，这不正是工作上达到自我实现的基本要素吗？

我认为能够实现自我的天职，大致由以下几个要素构成。

【做喜欢的事情】

1. 喜欢的工作，全都去尝试　2. 活用长处

3. 发挥使命感

【带动周围】

4. 树立愿景　5. 完善组织结构

【自在生活】

6. 勇于舍弃　7. 自由挑战

能够实现自我的人，理所当然地知晓应该实现怎样的"自我"——那个由强烈的原体验形成的真实的"自我"。

他们深知自己的长处、兴趣点，因此能长期地付出坚持不懈的努力，在竞争中脱颖而出。

尤其让我佩服的是，为了找回自我，他们能轻易放弃高达数千万日元的年薪、优渥的待遇及社会地位，对"一般社会公认的精英形象"没有半点留恋。

之后，他们带着使命感投入心仪已久的新事业，通过树立的理念与自身魅力，带动其他人参与其中，自由地追求自己真正想实现的梦想。

在这最后一章中，我将为大家介绍我所认识的一流职业人士中众多成功实现自我的事例，并与大家一同学习其中的精髓。

喜欢的工作，全都去尝试

59. 想做的事情，未必只能有一件
尝试所有将来想做的事情

"武贵，看看香港的那些财富大亨，大家都横向开展十个二十个商务项目，赚得盆满钵满。所以今后自己不同时开展四五项事业，人生可称不上合算呢！"

这是我非常尊敬的某大型银行集团董事玉津先生（化名，58岁）对我的忠告。

提起日本的银行职员，可能有读者朋友马上会联想到严谨刻板、不冒一丝风险、循规蹈矩的上班族形象。然而，我有幸共事过的银行出身的人士，大都豪放不羁，心胸开阔，任何喜欢的事情都要去尝试一番。玉津先生就是其中一位。

这位玉津先生劝诫我的一字一句，都深深地击中我心。其中越咀嚼回味，越觉得堪称人生指南。给了自己无限勇气的一句

话，莫过于"喜欢的事情，全都去尝试"。

我们进入公司后，工作内容很容易被紧紧束缚在公司要求的范围内。

这位玉津先生作为上司，却经常问我"你喜欢的事情是什么？喜欢的事情，都去试试""5年后你想变成怎样的自己？现在就去做接近该目标的事情"。

不仅对我如此，玉津先生还经常关心身边的同级、部下"想做什么事情"，并努力帮助他们去实现它。而且，他认为"想做的事情，未必只能有一件"，鼓励大家尝试所有的可能性。

换作一般的上司，大概只会指示部下去做有利于他或有利于公司利益的事情。

而玉津先生从来不要求大家刻意去为他、为公司做什么，总是说"利用好公司这个平台，尝试你想做的任何事情"。

说起来，"想做的事情，只能有一件"这一默认的思维模式明明对很多人而言非常勉强且不合情理，但不知为何，我们似乎都被强制性地灌输过"人必须集中精力于一件事物"的教育。然而，仔细想一想，在我们自己的人生中，尝试挑战所有喜欢的事物，又有何不可呢？

"自己想做什么？"

这一极其单纯又基本的自我反问，是我们通往一流工作的出发点。

如不认真地自我追问一番，只因在意外界标榜的"体面"而削尖脑袋地挤进一流企业，之后也并不能自动升级为一流职业人士。

因为，不知道自己想做什么，就无法自主自发地拼尽全力，最终自然不可能交出一流的工作成果，更不可能实现自我。

60. 【迷你专栏】小心跌入"精英陷阱"

我有一位MBA时期的友人，毕业后没有直接工作，而是"任性"地花了两年时间，慢条斯理地考虑自己究竟想做什么。

这位友人是个胳膊比接力棒还细的香港美女，要是参加瘦身美女大赛，准能毫无悬念地拔得头筹。出身于律师世家，弟弟也是律师，她本人则是毕业于牛津大学的才女。

读到这里，不少读者该吐槽了，"家境那么富裕，才有心思好好考虑吧！"，但还请心平气和地听我仔细道来。

在这个世界上，有相当多的精英人士，完全不必担心生计，家里的财产多得甚至一百辈子都花不完，却只为了在被别人问"你是做什么的"时，能够体面地回答"在一流的大型企业工作"，迎合世俗目光，一头扎进自己并不喜爱的领域，每天忙得晕头转向。

大家不妨在周末的深夜2点钟，去六本木俱乐部问问那些穿着牧师衬衫、一脸疲倦的年轻人："你是做什么的？"

他们一定会瞬间两眼放光，仿佛在说"我正等着呢！"，然后一脸自豪地告诉你他在investment bank（投资银行）工作，沉浸于这稍纵即逝的优越感中。

上述现象实在太令人扼腕：他们明明身处得天独厚的优渥环境中，不必为了生计奔波，却只因那些廉价的世俗目光，便轻易地将这一身的自由与人生都投掷于资本市场中。如此跌入所谓"精英陷阱"中的二流精英数不胜数。

话说回来，如果你生活困顿、毫无存款，又具备正常的劳动能力，却好吃懒做、偏要依赖别人，一门心思地想做"啃老族"或"寄生虫"，这就属于另一类相当令人头疼的人群了。

然而，如果你不属于上述困苦人群，却仅仅为了所谓的"体面"而选择自己并不想做的工作，那么最终只会迷失自我。

❖ 持续纠结"想做什么"，是理所当然的常态

探寻自己真正想做的事情，对很多人来说是一项大工程、一场持久战。

为了这个问题，如迷途羔羊一般苦恼无比的各位，其实可以稍稍松一口气——就连那些所谓的世界精英、商务管理人士，大

部分也并不知道自己的人生该做点什么。

几乎没有人可以毫不犹豫地当即告诉你他"将来想做什么",就像几乎没有人一口咬定,对现有的工作不存任何困惑。

人生本来就是一串由烦恼组成的念珠,很多人为了寻求"该做什么好"的答案,开启了宗教信仰之旅。

也有人以忙碌或问题太难、没有答案为借口,索性跳过这一"烦恼的过程",直接选择职业,相信最终结果并不能让他们满意。

重要的是,我们在明确地告诉自己这一问题没有标准答案的同时,不断地自我剖析,以求接近自己认同的、真正想做的事情。

释迦牟尼曾历经6年苦行,才得以在菩提树下顿悟,更何况我等凡人。至少应该买棵大一点的观叶植物,每天坐在下面静静地问问自己的内心。

万物皆在流转。自己内心的向往、渴望的方向也会不停地变化。为了让自我意识迎合这每一次变化,我们有必要每天直面自己的内心。

你现在从事的是天职、过渡性工作(为自我探索、找到天

职而从事的工作），还是没有工作，每个人的状况不一而同。重
要的是，请不要忘记，在仅有一次的人生中，探寻自己想做的事
情，尝试"认知自我"。

61. "天职"无须引退

"令人沉迷的工作"，可提高人生的机会成本

"不引退，就不会死去。"

在柏林洲际酒店召开的某次会议中，某世界级著名大型投资基金的创始人、金融界的传奇人物，给了年轻人这样一句教训：**不引退，就不会死去。**

他在那清晰透彻、充满洞察力的演讲即将结束之际，总结性地说道："虽然生物学上存在着不少反论，但我还是想用以下这句话作为演讲的结束语——不从自己深爱的工作中引退的人，不会死去。"

试想一下，人死后是没有意识的，因此如果能直到死亡之际，都一直投身于"让自己沉迷"的工作，这样充实完满的人生，就称得上获得实质性的、永恒的生命了吧！

　　"沉迷状态"，说的不外乎可以整日整夜、乐此不疲地一直投入某事的状态，不惜通宵达旦，废寝忘食。而"令人沉迷的工作"，即使占用周末、节假日时光，也不以为苦，反以为乐，不断追求精进。

　　于我而言，为心爱的书籍、专栏写稿时，就是进入了"沉迷状态"。

　　清晨一起床，立刻伏案写上一段；做其他事时一有灵感闪现，立刻飞奔至电脑前记录下来。正在写这段原稿的我，则正飞行在印度尼西亚上空——工作以外的时间，几乎都被我用来构思稿件了。

去公司的途中或清晨散步时，我都会随身携带原稿，边走边推敲，边用红笔修改。

因此，现在出门，我首先怀疑自己可能因为在路边看美女看得太入迷被车撞死，其次担心走路时推敲原稿太投入被车撞死。

做让自己沉迷的事情，无论什么事情，那份热爱都会使你做事时更执着，比其他人更追求完美，事情的完成度自然更高。

顺便说一下，我认为，仅次于天职的，就是"令人沉迷得一塌糊涂"的兴趣。

随着平均寿命的延长，今后会有越来越多的人，拥有充裕的退休时光。让自己沉迷的兴趣即使不能发展成一份工作、一门事业，也会大大影响剩余人生和个人魅力。

仔细想来，有钱人中有很多无聊之人，但狂热地沉迷于所爱之事的人，其本人基本上不会乏味无趣。

❖ 做"喜欢的事"，提高人生"机会成本"

顺便说一点题外话：兴趣也好工作也罢，拥有自己喜爱、擅长之事的人，其人生质量也将随之大幅提升。

沉迷于所爱之事，一个人独处的时光也足够充实的话，他就不会再去浪费时间、金钱，和朋友夜夜流连俱乐部，或参加可有可无的联谊。

换言之，拥有一份天职或让自己沉迷的兴趣，你会明白，自己的时间是多么宝贵，会努力提高人生有限时间的"机会成本"。一个人独处的时光的幸福度越高，其"人生的机会成本"这一基准就越高。

企业价值的上升，来自回报高于成本的营利性投资，同理，只有时间利用方式高于并超出人生的机会成本，才能获得更高的人生价值。

活用长处

62. ## 在有胜算的领域一决胜负
在喜爱却不适合的事物上，请勿赌上人生

"**你的长处是什么？你必须活用长处来工作。人的短处是很难轻易改进的，即使改进了也无法胜过天生擅长该领域的人！**"

这还是我年轻时，尊敬的公司前辈一边品味着美味的鱼翅汤，一边送给我的金玉良言。

确实，人人都有长处和短处，正如上学时有擅长学科和薄弱学科。然而不知为何，很多人宁愿耗费一生时光，试图在人生的"薄弱学科"上一较高低。

正如前文所述，令自己沉迷的事物恰恰能发展为自己的事业，那是最幸福不过的了。

然而，在"自己十分沉迷却并不擅长，既无法满足客户也无法战胜竞争对手"的事物上，我们必须避免盲目憧憬那种"酷炫"，不可抛开一切、孤注一掷。

例如，明明没有搞笑细胞，还要仅凭一腔热爱去进修相声。这样的"沉迷"只会让人生"深陷泥潭"，绝对不该去尝试。

为了写好这个反面教材，我特意前往京都的祇园花月观看了吉本兴业的相声表演。不得不说，像桂文珍先生这样高境界的相声演员，真可谓国宝级大师。

这位大师凭借着与生俱来的喜剧天分，加上数十年精心打磨而成的高雅身段、飒爽台风，一字一句即可瞬间带动整个会场的气氛，令我深为敬服。

相反，遗憾的是，任何国家都存在没有喜剧天分却偏偏要从事喜剧工作的人，结果只会给周围带来"灾难"。

我有一位印度友人叫谢迪尔（化名，32岁），他体重足足超过100公斤，平日里总戴着一副古怪的框架眼镜。

他曾在印度的电视台担任过男主播，取得MBA学位后，去了印度尼西亚从事面向媒体企业的咨询工作。

不过，不论怎么降低标准、宽容地看，他那所谓的搞笑天分都令人质疑。

在我留学的INSEAD，学生们会定期举办名为"INSEAD卡巴莱"的活动，并纷纷贡献出众多超出常人水平的极精彩的节目表演。

有一次，我应邀去观看了一段由谢迪尔提议、以网球比赛为题材的谜一般的滑稽短剧。该短剧颇具宝莱坞风格，一开场就是一段突兀的舞蹈（而且还是《江南Style》），完全让人摸不着头脑。从策划到彩排、正式演出，现场几乎没有人哪怕为之呵呵一笑。

大笑的毫无疑问只有谢迪尔一人，再就是零星的、同情般的掌声和捧场式的干笑。他似乎让参演者和观众全体都陷入了一种"不幸"状态。

然而更令人震惊的事情发生在大家眼看就要消化掉这块心理

阴影的3年之后。

　　那天，大家突然收到了许久未联系的谢迪尔的群发邮件。原来他居然将那场短剧上传到视频网站，"贴心"地给大家发来网址链接，并附上这么一段话："多么美妙的回忆啊！要想理解如此高难度的喜剧，还真需要高度成熟的精神年龄呢。凡人大概是无法理解的，毕竟是走在时代最前端的喜剧！"不用说，收到邮件的我，马上恳请他删除了视频。

　　没有搞笑天分的人从事起喜剧工作，只会给周围所有人带来无穷无尽的"不幸"。更可怕的是，其本人浑然不自知。

　　这是一条几乎适用于任何职业的常识：**不能仅凭"喜好"选择工作。**

　　如果你在该方面没有"长处"——既没有才能，又做不到比任何人都努力，做不到比竞争对手更精益求精，拿不出一流的工作成果——那么你必须将兴趣与工作严格区分开来。

　　换言之，重要的是，**"知道自身长处的同时，还要知道什么工作最能活用该长处。如果没有这样现成的工作，就自己去创造"。**只有这样，才能探寻到"最大程度发挥长处"的天职。

　　用简单的一句话总结便是，**回顾自己的工作，如果比自己做得出色的人多不胜数，那么你并不适合长期从事该职业。**

63. 【迷你专栏】
从暮气沉沉的"啃老族"，转变为自主申报的纳税人

"令人沉迷的工作"改变人生

　　我一向认为，"喜爱"＋"擅长"＝"天职"。而且，越是具备"御宅气质"的人，越容易专心致志于某一件事物，一旦邂逅了自己的天职，就越能发挥出常人难以企及的集中力与持久力，成功实现自我。

　　接下来要介绍的，是我的一位发小Bako先生（化名，38岁）的真实故事。他是个头脑聪明的家伙，却一直没有什么劳动意愿，不到20岁时就一副看透了资本主义的样子，在京都的鸭川河畔过起了仙人一般的生活。

　　说起来，他一家人都出身于京都大学——父亲和哥哥都毕业于京大，自己也辛辛苦苦地通过后期选拔考试，好不容易进入了入学时仅考查英语和论文的京大经济学部。

　　这个人虽然头脑聪明，却对生活完全没有执念。历经长期的复读、留级生活后，最终找到的工作居然是市政府负责收集垃圾的小时工。

　　之后他又辗转做过计算机培训教室的教员、金枪鱼捕捞船上的小时工等。住在月租只需15,000日元的破公寓里，没有浴室和洗手间，连墙壁都莫名其妙地残缺了一块。在这个相当独特的环境中，他安然地过着实质性的遁世生活。

　　这样的Bako能迎来发挥自身才能的转机，完全是一次机缘巧合。

　　那次我的后辈向我咨询一些就职问题，早已迈入社会多年的Bako正巧在场。我跟后辈聊了一些金融界的话题，没想到旁听的

Bako也开始对金融感兴趣起来，并以30岁的"高龄"叩开了金融界的大门。

然而，Bako实在没有什么像样的职业履历，最终好不容易进入了一家不看员工履历的、谜一般的中小金融公司，身份还是极不稳定的非正式工。

故事接下来的展开就十分有趣了。一开始在股票交易中损失惨重的Bako，渐渐学会了期货交易、外汇交易、衍生性金融商品交易、多空策略等金融知识，懂得规避风险，感受到了同时展开多项金融产品交易的乐趣，从此开始了废寝忘食的金融交易生活。

Bako本来就是游戏迷、电脑御宅族，这些金融、证券业务对他而言，简直再理想不过了。他居然从工作中体验到了"像高中时期玩三国志游戏，不断征服各国、提升国力点数一样"的兴奋感。

他本来就对金钱没有什么执念，不论赚了多少钱都不会浪费一分一毫，如今已成长为公司代表性的交易人之一，最近3年经济状况稳定而充裕，需要向国家主动报税了。

与其说是为了金钱，不如说他是把交易赚到的钱视为游戏中得到的分数，不分昼夜地投入其中。据他本人说，**离开了这份工**

作，他已经不确定自己是否能生存下去，也完全没有信心找到其他想做的事情。

可以发挥自身长处和兴趣的工作，可以让人不再迷茫、彷徨，只需一份，就能让人变得强大无比。

那份工作对他而言是一种类似"在交易中赚钱，就像在游戏中获得高分一样有意思"的自我实现方式，在他人看来难以理解，对本人来说却是一种幸福。因为拥有一份"天职"，能够忘我地沉浸其中，充实度过每一天的人，是无敌的。

平日大多在游戏里昏天黑地的御宅一族，比常人更容易沉迷、热衷于某事。因此一旦给予他们一个沉浸于经济活动中的角色，他们就很可能从一名单纯的失业啃老族摇身变成业界顶尖人才。

也许在不久的将来，"有效利用御宅族"会成为"经济增长的第四支箭"。

发挥使命感

64. 赌上"存在的意义"去工作
认同自己"工作的理由"

"20 岁出头时，我曾思考过，自己作为韩国籍加拿大人能干点什么。这正是一个围绕自我同一性的问题。"

年轻时就读于航空产业发达的加拿大的名牌大学，研究飞机引擎开发技术的安德烈（化名，32岁），曾经历过一个多愁善感的时期，不断地追问既是加拿大人又是韩国人的自己究竟是谁、该如何自我定位。

在大学里，他研习了军事、民用两方面技术都十分先进的北美航空产业后，痛感自己的另一个祖国——韩国的航空产业"和北美相比，简直就是幼儿园水平"。于是，他萌生出将在加拿大的大学及航空公司学习到的知识运用到韩国市场的念头，并强烈地确信"自己只能做这个！"。

　　安德烈到法国留学，取得了MBA学位，又在耶鲁大学进修完了硕士课程，之后便加入了某著名跨国企业的国际干部培养项目，负责向亚洲、太平洋地区的航空公司提供飞机引擎的销售及租赁服务。

　　现在的他，每日都过得充实而有趣，正处于"自我实现的最盛时期"，让我不得不在《一流的自我实现》一章中请他登场。

　　说起来，安德烈在生活中一直扮演的是被揶揄的角色，有点迟钝又有点厚脸皮，每次见面一定会迟到30分钟。而且每次出差时，他都会特意拍下飞机商务舱的座位，再若无其事地发到脸书上小小地炫耀一番。总之他的日常生活中充满了"槽点"。

　　然而就是这样一个有点糊涂又有点天然呆的人，一旦提及自己的工作、航空产业，就会两眼放光、神采奕奕，释放出的热情足以压倒听众。

　　当我问他"为什么对工作变得这么热情"时，他回答了本节开头的话，并继续强有力地回答道："全身心地投入这份工作，是关乎自我同一性、自身存在意义的大问题，自然能保持热情。而且，我想做的事情也只有这个。"

　　像这样带着使命感工作的人，理所当然地要比那些仅仅靠工作养家糊口的人更能发挥出高度的主动性。同时他们具有明确的理念，脑海中能接二连三地自动涌现出下一项想处理的工作，自然能在公司得到较高评价。

认同"自己为了什么而工作"这一理由的人，具备高度的坚毅性（坚持到最后的能力）。他们身负使命感，为了社会性意义而工作，并认为是"工作和热情选择了自己"，因此工作激情能更持续、更长久。

安德烈在法国留学时就曾发过豪言壮语：将来要成为韩国类似国土交通省的政府机构的首长，将幼稚的航空行政提升至北美水平。

一般情况下我们都会暗笑他"真是个只会说大话的牛皮大王"，但在他那充满确信的热情面前，我不由得想要支持他：你那么想大干一场的话，就看你的了！

对自己的动力源泉与"工作的理由"的深刻自我认知，是探寻到适合自己的职业道路、实现自我的重要基础。

65. 勿忘原体验
回归自身价值观、问题意识的原点

"你努力的源泉或者说契机、原体验是什么呢？"

"在柬埔寨启动小额信贷事业后，将其扩大至斯里兰卡、缅甸，将来打算进一步扩展到70个国家，融资额再追加1兆日元。"安静而有力地说出这些的，是令我十分敬服的慎泰俊先生（本名，35岁）。

慎先生有一段相对独特的经历：从小在朝鲜读书，进入朝鲜大学后，为了攻读金融专业，来到日本一边打工一边读早稻田大学的夜校。

据本人介绍，他成长于相当捉襟见肘的家庭，靠着父母的苦苦支撑勉强度日。而他无论如何都想攻读金融，通过自身努力正式考上了早稻田大学，却因为交不起学费和课程费而发愁。

在面临"一周之内再不交纳学费，就会被取消入学资格"这一绝境时，平日里为了家人从来不向别人低头的父亲第一次低下头来，请求周围人的帮助，终于为他凑够了120万日元的学费，安静地叮嘱了一句"好好学成回来"。

那一刻痛彻心扉的感恩与激动，已深深内化为他的原动力之一，让他萌生了"扩大金融服务，让贫穷的人在关键时刻也能通过金融机构获得改变人生的重要资金"的想法。

2006年，他一边在早稻田大学攻读金融，一边在摩根士丹利金融公司打零工。他拼命工作的态度很快得到好评，6个月后被录用为正式员工，这一破例在摩根士丹利实属罕见。

后来他又跳槽到著名的私人股权投资基金工作了4年，同样获得了周围同事、管理层的高度评价，离职时，大家都不无惋惜地表示"很难找到能够取代他的人"。之后他在周围无数人的支持下，成功地在贫困国家启动了梦寐以求的小额信贷事业。

他声称到2030年为止，还要再实现1兆日元的融资。

只听这一宏愿的话，大家一般会认为这不过是热血青年痴人说梦，"在路上遇到这样的牛皮大王，肯定都不愿正眼看他，赶紧快步往相反方向逃离"。

但实际上，他那源自强烈原体验的想法，强大而不可动摇，加上宏大的理念，汇成一股带动人心的力量，让人们不由得"想要支持他圆梦"。

这个世界上还存在着25亿贫困人口，"在至关重要的时候，没有途径获得改变人生的资金"。对于这一严峻现状，慎先生抱有强烈的问题意识，该意识已成为他今后人生的出发点。由此出发的人生，不论中途行动形式如何改变，行动实质都不会偏离出发点一丝一毫。

原体验的力量，就是如此强大。

拥有强烈原体验的人，能够唤起自身强大的能量，并不会满足于行动中途获得的舒适、奢侈的生活，总是能以自我实现为目标，一往无前。**不忘初心的人，能够通过毫不动摇的信念，将无形的志向变为有形的现实。**

66. 【迷你专栏】
向被解雇的职业棒球选手学习

有些工作不是天职，却同样尊贵

在本章的前半部分中，我一直试图告诉大家：寻找你的天职，发挥你的长处和兴趣，放弃不喜欢的工作。

然而，这并不是在说"只有那样的工作才是尊贵的，才是值得做的"。世界上还存在着许多无奈之下不得不做的工作，其中包含的情感与意义，让它们变得同样无比珍贵。

"为了什么而工作"——工作目的，比工作内容更为重要。

在日本，每年都会有专题节目，介绍那些被宣布成为"编外战斗力"的职业棒球选手，紧接其后的纪录片，则向我们展示了他们令人起敬的第二人生——为了抚养家人，义无反顾地投入与自身特性、意愿毫不相干的工作。

其实我们绝大多数人的人生都不外乎如此：无论自身有什么特质，都首先要为了生存下去或为了扶养家人，去努力做一份自己并不喜爱、并不擅长的工作。

在探寻自己的天职以前，我们都必须承担肩上的责任。

偶尔也有人全然不顾家人，一个人沉浸于音乐家、明星的美梦中，坚称"自己的喜好高于一切"。一般来说他们是弄错了人生的顺序，应该先履行责任，之后再言天职。

除了劳动，当然也存在其他有助于自我实现的生存方式。在价值观多样化的今天，选择所谓的"慢生活"，也完全是其本人的自由。

当然，如果明明经济方面无法独立，需要依赖他人的照顾，却还执意选择"慢生活"，这样寄生于他人"艰难生活"之上的行为，并不值得赞扬。

相反，在满足"自我负责，维持生计"的前提之下，是选择过"慢生活"还是挑战自己不擅长、不喜爱的工作，全由其本人的自由意志决定。

天职往往是可遇而不可求的，有时它就"潜伏"在眼前工作中，需要我们投入耐心和精力将其打磨出。即使是很多水平高超的业内名家，最初也没想到那份工作竟会成为自己的天职。

因此，应该还有很多人，在偶然选择的道路上，经过长期不懈的努力，终于做到比其他人更出色，获得一致好评，将现有职业发展为自己的天职。

而且，相信对不少人而言，一份工作是不是"天职"，最重要的因素在于和谁一起工作。

本书到目前为止，主要是从"发挥自身长处与兴趣，找到天职，通过一流的工作实现自我"这一角度出发，面向旨在通过发展职业生涯实现自我的读者朋友们阐述的。不过我想强调的是，尽管如此，我也绝对没有将这样的生活强加于诸位的意思。

树立愿景

67. "高视野""高目标"带来人才、资金及社会资源

树立自身的"社会使命感"

"投资这个项目的话，只会被视为无能又贪婪的投资家吧？你先想想我们能为社会做点什么，自己的'社会使命感'又是什么，然后重新提交方案给我，怎么样？"

这还是我初出茅庐之际，向某位著名投资家提交某商业计划书时，接受的一番说教。

对投资家中那部分愿意支持新兴项目的有钱人而言，继续赚更多的钱已经没有多大意义，他们开始追求利用自己的资金为社会做出贡献的商业想法。

像这样"通过树立社会意义，吸引人力和资金"的做法，已成为众多巨型公司急速发展的原动力。

前几日，我有幸见到了某市值数兆日元的服装企业中的著名

经营高管。该企业作为地方服装企业，却能够汇集麦肯锡顶尖人才，近10年内更是奇迹般地实现了公司股价20倍以上增长。我不禁询问他招揽人才、迅速提升业绩的秘诀。

他回答道：**因为公司上下都在齐心打造一流企业，打造被外界自动认可的"日本代表性企业""21世纪代表性企业""最前沿（cutting edge）企业"，员工们才会感受到工作价值，充满自豪感，优秀人才才会慕名而来。**

同时，他对自家公司的商品很有信心，真心认为能够成为世界第一，并以5年后销售额达到5兆日元为目标，倒推出现在必须做的事情，淡定地——着手处理。

在这里，我想告诉那些只对赚钱一事热衷得两眼放光的年轻人：仅凭"我想通过这个来赚钱！"这一点，周围人谁也不会想特意支持你。

最终，**如果没有"希望解决这一社会课题""希望打造这样的社会"这样强烈的原体验，没有由此产生的"社会使命感"，将很难吸引人才和资金。**（当然，志存高远的同时，具备不断与现实妥协、折中的灵活性与行动力也很重要）。

那些在项目启动阶段就"出师不利"的人，共通的问题在于，"在事业起步之际就目光短浅、视野狭隘，只想着怎样赚点小钱"。

相比之下，那些率先行动并在竞争中脱颖而出、成为"业界领军人物"的人，其事业中蕴含的社会意义之深远、志向之宏大，注定了他们一开始就是赢家。

68. 人人都想建立"高瞻远瞩的公司"

以一流公司为目标，自会吸引一流人才

最近，不知大家是否发现，不论张三还是李四，都宣称自己的公司要"争创世界第一"。

实际上我的友人们也都在忙着"争创世界第一经济媒体""争创世界第一旅行公司""争创世界第一娱乐公司"……总之最近遇见的所有人，似乎都在致力于争创"世界第一"。

或许是为了打造最前沿的形象，最近越来越多的人甚至声称要"走向全宇宙"、正在从事"宇宙商务"。

如果你询问起他们理想中的公司规模，很多人会告诉你"争取30年后年销售额达1兆日元"。仿佛不以世界第一、年销售额1兆日元为目标，他们就会被差评为格局不够大似的。"输人不输阵"，我似乎也应该吹嘘一下，例如把本书的版税目标定为全宇宙范围内达到1兆日元。

那么，让我们走近这些"声称"背后的实质吧！其中确实存在极有可能成为世界第一的卓越人物，一如前文中的慎先生那样。当然也不乏一些人，别说是东京第一，就算声称是东京二十三区的港区第一，也难以令人信服。更有甚者，连港区的六本木街区第一也称不上，充其量不过是"六本木一丁目第一"，简直沦落为单纯的"公司地址上的第一"。

不过话说回来，将"争创世界第一"这一志向宣之于口的行为具有一定效果。

实际上，大概是受该风气影响，我也开始四处宣称本书要"成为世界第一畅销书"。在这里悄悄地告诉大家："争创世界第一"这一宏愿一旦说出口，当事人就会自发自律地努力起来，因为他们不想被人在背后议论"这家伙是疯了吧，我看是吹牛水平世界第一"。

总体来说，一流人才往往拥有想"力争第一"的领域，唯独在该领域"不愿意输给任何人"。

而且，他们还会时时思考怎样做才能成为业界第一，并将思考成果转化为公司的行动方针，在推进的过程中不断加以完善。像这样旨在成就一流，才能不断吸引一流人才。

在商务名著《高瞻远瞩的公司》（*The Visionary Company*）

中，你可以读到这样一节：将企业视为一辆巴士的话，**并非决定了巴士的行驶方向后再寻找人才，而是召集了优秀的人才后，大家共同商议，决定巴士的前进方向。**

这虽然看似谬论，却蕴含着一个颇具讽刺意义的真相：高瞻远瞩、格局恢宏，往往比那些短视、局促的理念更容易实现。

因为在具体展开事业之前，是否有充满灵感与激情的高远视野，决定着公司吸引来的人才的素质。

完善组织结构

69. 建立"离开了自己也能照常运转"的组织

吸收比自己更优秀的人才，提供舒心的工作动机

"人无论多么优秀，单枪匹马能做的事情微乎其微。你们最好相信，只有与别人通力协作，才能做出一番有趣的事情。"

这是我以前的上司在某次会议上的开场白。论起聪明，他绝对在我的历任上司中首屈一指。

到上一节为止，我们一起思考了认知自我、树立愿景的重要性。思考过后，有人会止步于纸上谈兵、不了了之，有人则能够脚踏实地地真正操练起来，这样的"实现力"之差来自哪里呢？一言以蔽之，尽在"能否吸引比自己优秀的'最佳选手'""能否带动他人参与其中""能否提供工作动机"。

能够实现自身理念的人，往往善于借用他人之力成就自我。他们通过吸引比自己更为优秀的人才，将其作为自己的合作伙伴、顾问或员工，来不断扩大支持自身理念的"能量圈"。

善于"用人"的人，同时非常注重让周围人获益。

他们深知人们无法仅凭善意去长期支持他人，因此他们着力于构筑长期的win-win situation（互惠互利关系）。因为**即使最初对方从善意出发，单方面地帮助自己，但如果不能让对方意识到长期益处，这段关系最终就无法长期维系。**

换言之，**能够与他人建立合作关系的人，不会短期性地榨取对方，而会提出双方皆能长期获益的合作模式，并能够诚实地实行下去。**

❖ 共享企业愿景，放手让员工做事
——不能放手让员工做事，企业无法发展壮大

要想建立强大的组织结构，重要的是相信团队成员的自主判断，放手让员工做事。

我以前的一位令人尊敬的老板说过：**不能放手让别人做事，就无法充分借用他人之力，最终难成大事。**

想要借助他人之力，就必须让理念相同的人自主自发地行动起来。为此，共享企业愿景、价值基准、事业理念非常重要。

因此，我们有必要彻底地共享"指导性理念"，这是员工进行自主判断的基准。

希望与别人合作时，重要的一点是，<mark>与对方一起思考事业愿景，让对方深度参与其中。</mark>这一点几乎适用于任何情况。

具体来说，可以通过诱导性讨论，让对方自己考虑出、说出双方共同的愿景，以此让对方产生主人翁意识，大大提高其工作动力。

有时，我们甚至可以<mark>让对方认为，从事这项工作，为的就是实现自我，而非帮助别人实现自我。</mark>这一点尤为重要。

❖ 领导者的职责在于，创建"离开了自己也能照常运转"的机制

还有一点不容忘记：<mark>与团队成员不同，领导者的职责在于树立愿景，并创建实现愿景的"组织机制"。</mark>

我所认识的各位令人尊敬的经营者的厉害之处在于，平日里几乎不见他们怎么工作。如果因此而指责他们"偷懒懈怠"，可就错怪他们了——这恰恰证明了他们已很好地建立起"离开了自己也能照常运转"的组织机制。

领导者的工作在于树立共同愿景，调配客户、人力、资金等资源。相信这一事实不用我说，大家也早已熟知。

其中，领导者一旦选错了中枢管理层的人，就会给投资、项

目及企业的一切造成无可挽回的巨大打击。因为**成败并非主要取决于战略的优劣，而是取决于用人是否得当。**

　　在分工明确的组织体系中，如果连员工都不工作，那公司里真是所有人都在消极怠工，令人头疼了。然而高层领导者的终极任务还在于创立有效的组织机制，率领大家实现共同愿景。

70. 【迷你专栏】
让周围人获益、工作愉悦，才能大获成功

　　我的母亲——几乎对我的全部人生都干预、过问的南瓜夫人，经常劝诫我：**工作时，哪怕自己蒙受若干损失，也要让周围人获益，不然很难大成。**看看我的亲戚，我也发现：事业取得长足发展、不断壮大的家族，大都诚实守信，不会想着独自获益。

　　于是，我也不禁想反复忠告各位：与他人共事时，**请不要忘记，不只你有欲望、会算计、会计较得失，对方同样如此。**不能顾及对方利益的人，往往会三番五次地取消承诺，**浑身散发出"这个人不值得共事"的强烈负能量。**

　　我们不妨观察一下任何行业，那些事业不断壮大、获得广泛支持的领导者，通常能给人以安心感、信任感，让人相信"与他共事，不会被欺骗"。

　　相反，那些想法无人追随，甚至遭到众人背离的人的共同特点在于，**在任何事情上都恨不得一人独吞份额，完全没有"让对方获益"的心思。**而世上众多投资基金及长盛不衰的企业中，高层管理者们大都在认认真真地将企业盈利惠及普通员工层。

　　反观那些昙花一现的企业，虽获得一时壮大，最终却逐渐背离人心、走向消亡，原因多在于大部分企业高层都在打着自己的如意算盘，试图独占利益。

　　我的母亲南瓜夫人对我的另一句劝诫是：**事业大成的人，通常能让共事的人心情愉悦地参与其中。**

　　这样的他们，**非常善于激发人的动机——让人心情愉悦地工**

作，并产生"为了你而努力"的情绪。

他们在日常工作中十分注意多表扬、感谢团队成员，沟通方式上也非常尊重对方的自尊心。

而且，无论他们为员工争取到了怎样有趣的工作，也绝不会居功地表示"这是我带给你们的"。他们总是优先考虑员工的心情，真诚地表示"谢谢你们工作得这么出色。没有你们，这项工作肯定无法成功"，因此他们总是能够让员工们发自内心地"想为了这个人而加油"。

关于如何激发他人的工作动机，还有很多其他途径。例如，为获得对方认同，有必要向对方仔细说明为什么那项工作如此重要。还有一项最基本的是，身为领导者，只有自己带头努力工作，以身作则，才能让员工们产生"愿意跟随"的想法。人是一种理性思考、感性行动的生物，漠视情感要素的企业，注定不会长久。

只有像上述那样想方设法地增强共事的人的工作动力，激发出"为了你，愿意努力一把"的情感，才能赢得他人的通力协作，以实现自身愿景。

71. 出家的精英和私奔的精英
清楚什么比工作更重要

"欸，那个人出家了啊？？"

这是在新加坡某巨型基金突然发生权力更迭之际传出的一件真实的事情。

以铁腕著称的投资家安德鲁先生（化名，48岁），是新加坡屈指可数的巨型投资基金的创始人。某一日他突然说要出家，旋即辞去了公司职务。我见过很多人因为各种原因放弃赚钱的事业，出家这一理由还真是……

除此以外，世上还有人放弃庞大的生财事业是因为其他一些令人目瞪口呆的理由。

我就听说过，以前中国有一位著名的经营者刘先生（化名），在成功融资几十亿人民币后，突然撇下一切，给其他投资

者留下了一封"余生，愿与情人以爱为生"的群发邮件，就当真
辞去职务，与情人私奔而去。

　　这件事很快登上了中国的金融业界报纸，报道称刘先生放弃
了年薪10亿日元（约合6000万人民币）以上的高职，选择与一位
年近五旬的女士为爱私奔。

　　当然，上述突然出家、突然抛下公司私奔的例子有些极
端。对我们而言，尤其重要的是，清楚什么比金钱、比工作更为
珍贵。

　　请不要忘记我们常说的：**为了生活而工作，不要为了工作而
生活。**

　　最幸运的莫过于小部分无比热爱自己工作的人，就像川岛直

美小姐那样，带着"演员，就是我的全部人生"的确信，直到死亡来临的前一刻，还工作在自己心爱的舞台之上。

然而，相信更多人的现状应该是：虽然也想认真地过好一生，却迷失于繁重的工作中，逐渐变为一台工作机器。

那么，"如果是为了什么"，我们愿意放弃现在的工作呢？

"比自己的工作更重要的是什么？"这一自我追问，是不可跳过的一项基本步骤，有助于我们不被过去的经历束缚，自在地追求对自己而言重要的事情。

72. 摘下束缚自我的"金手铐"

如果生命仅剩 5 年，你会做什么

"欸，那个家伙也辞职了吗？"

这是日本的"千禧一代"（20世纪80年代中期到2000年之间出生、在职业选择上较为重视自我实现的一代）的特征：不少人做着相当轻松又愉快的工作，每日的工作时间也绝不算长，年收入甚至高达数千万日元，但即便如此，他们依旧可以轻易地放弃这样令众人羡慕的优渥工作。

接着一个转身，他们就投入年收入大幅缩水，甚至是否有收入都不甚明朗的工作。

这样的他们还会异口同声地表示：我想追求很早以前就想做的事情。

我问其中一个人"为什么丢下这么赚钱、让众人艳羡的工作"时，他回答道："我一直很清晰地知道，自己从小就想做的事情是什么。同样身处国际顶级投行高盛集团，清楚自己想做

什么的人，会在掌握了必要的知识、人脉及技能后选择转行。

相反，那些没有喜爱的、想做的事情的人，总是一边抱怨'工作太无聊'，一边留恋高薪职位无法辞职。那样的人不在少数。我不想过那样的人生。"此局面，就是我们说的"金手铐"（gold cuff）。

我认识的朋友中有两位女性友人，明明作为超人气企业的新人表现活跃，成为年轻一代中最早出人头地的人，却在想清楚接下来做什么之前"裸辞"了。

用她们的话说，面对并不是那么想做的工作，也能做出其中的几分趣味，拿出相应的成绩来。

但是，上升到一定位置后，每天几乎被流水一样的工作淹没，根本没有直面自己、思考自己究竟想做什么的时间，因此选择了辞职。

辞职之际，她们的父母自然很生气，劝阻说"不要做出这么高风险的举动！"，而她们脱口而出地表示：对我而言，最大的风险就是这样一直在公司待着，在"不咸不淡"的幸福中过完一生。

❖ 如果5年后死去，你会做什么？

我的朋友圈中还有这么一位女性友人，在某一天突然抛下知名金融机构的工作，转而参加支援秘鲁贫困儿童的志愿项目，并定居在了秘鲁首都利马。

貌似是有人给了她"如果只能再活5年，请列出你无论如何都想做的5件事情，现在就去做"的人生建议，她为此深受触动。

用她的话说，人生多半的错误选择，都来源于"人生会无休止地持续下去"这一幻想及由此产生的懈怠感。

反过来，如果深刻意识到"时间是有限的"这一点，就不会再为多少能赚点钱但自己并不喜欢的工作浪费太多时间。

"你的人生想实现什么？"

"你为了什么选择这份工作？"

相信类似的问题，我们在求职过程中、留学申请论文中都绞尽脑汁地思考过，但自己想做什么这一问题的答案，最终需要我们在整个人生中持续探寻。

那么，在这里请尝试扪心自问：假如"还能再活5年"，那么挣脱开"金手铐"的束缚，你无论如何都想做的事情是什么？

73. 【迷你专栏】
来自佛祖和禽龙的启示

此时此刻的我，正在缅甸的蒲甘（旧蒲甘）附近，一边眺望着广阔的湖面与美丽的佛塔，一边编写本专栏。

写到"职业的生死观"，就不得不与大家分享一下我最近的三大灵感之源——印度的贫民窟、缅甸的寺院，以及连我自己都始料未及的禽龙化石。

前几日，我带着早已皱巴巴的稿件与一支笔，前往印度孟买最大的贫民窟DHOBI GHAT，在那里一边散步一边修改本书。

走进那里的街道，迎面铺开的是一群逼仄而拥挤的建筑物，里面生活着数量夸张的人口。爬满苍蝇的鱼被随意地扔在地面的报纸上叫卖。精瘦的大叔一边用手摇着自行车脚蹬，一边利用辐条的转动磨刀。走着走着，不时还会不知从哪儿杀出一群小孩子或中年大妈，围着你讨要一点零钱。

正如本书开头所述，在本书的执笔过程中，不论在世界哪个角落，遇到怎样形形色色的人，我都忍不住自我追问，正在写的这本书，真的具备那么高的通用性吗？哪怕对眼前遇到的这些人，也是有意义的吗？然而在DHOBI GHAT，我想即便本书被译成了印度语，眼前的这些人无论如何也没有阅读的需求吧。

这就是世界上大半人口、约几十亿人的真实人生——工作、职业生涯、自我实现对他们而言不值一文。他们的全部精力都用于解决每日温饱，至于一边上班、一边烦恼自己究竟想做什么、能做什么的生活状态，简直是遥不可及的梦想。

相比之下，正在阅读本书的诸位怎么样呢？

应该有很多人不得不每天重复长时间、高负荷又不算有趣的工作，还有不少人在感叹人生为何如此艰难吧？然而即便如此，也希望大家不要忘记，我们身处的是一个充满机遇的社会。

只要到DHOBI GHAT或世界其他地方走一遭，你就会真切地感受到，我们平日里生活在多么得天独厚的优渥环境中。只要能便捷地使用网络，能读、会写、会算数，有栖身之所，这样的人生就已经赚到了不少。希望大家记得，放眼全世界，我们有幸生活在这样的环境中，只要努力就能够尝试各种挑战。

人依靠"希望"生存。对很多人而言，最痛苦的并非失去金钱，而是失去希望。心怀希望，并为之前行，就是积极向上的人生。

可能也有人身处无法轻言"希望"的环境中。但不论多么痛苦，都应该鼓舞自己拥抱希望，这是通往幸福的路上，自己应该承担的责任。

正如我们常说，**"悲观是一种情绪，乐观是一种意愿"**。

第二处灵感之源，是缅甸的寺庙群。

缅甸的苏雷宝塔中，记载着佛祖释迦牟尼接受天启的一系列故事。其中不乏一些象征性故事，暗示着包括你我在内的众多人的人生观。

释迦牟尼在年仅29岁时，同时目睹了耄耋老人、疾病缠身之人与了无生机的遗体，深深地意识到人生无法逃离这些生老病死的苦难。于是历经6年苦行，逐渐获得人生的开悟。

佛祖认为，人生充满了痛苦和磨难，一切都变化无常，难逃毁灭的命运。众多教义也都旨在劝诫我们，从肉体与精神的痛苦中寻求内心的安宁，这构成了佛教的来由。这些教诲，同样适用于职业生涯。

无论工作还是人生，有求皆苦，无欲则刚。

佛教为我们描绘了极乐净土，在那里，断绝了内心迷惘的佛祖，表情万分安详而平静。这一"极乐"悟境，只有从欲望中解放出来，才能到达。

偶尔在公司里，我们也能见到放弃了所谓的"出人头地"，洒脱地醒悟到"不再拼命工作也没什么问题"的人。但只要你承认欲望的存在，就必须接受随之而来的烦恼与痛苦，这是它们的基本形式。

所以，即便为自身职业而烦恼，也请告诉自己：**人生的目的、自身的使命这些命题，本就该花费一生去烦恼。**接受了"除非抛开凡尘俗世、出家以顿悟人生，不然'没有烦恼的人生'就是奢望"这一前提，心情也会随之轻松。

最后一处灵感之源，就是让大家苦等已久的禽龙先生。

最近无意间的一次购物，让我不得不对时间的永恒进行深度思考。偶然经过路边某家销售上古化石的店门口时，我进去买了一块禽龙骨化石。

说明书上真真切切地写着这就是1.3亿年前的禽龙骨，抛开真伪不论，考虑到地球大约诞生于46亿年前，那么构成这块石头的成分确实可能在1.3亿年前就以某种形式存在了。

1.3亿年——鼓足底气估算自己能活100年的话，100倍的时间才是1万年。而这块化石已经历经了约1万个1万年的时间，相比之下人生是何其短暂！我们的人生在悠久的时间长河中，不过是转瞬即逝的烟火般的存在吧。

这样的话，至少希望这一瞬的烟火可以绽放得再灿烂一些、再热烈一些。你不这样认为吗？这样想来，不由得觉得不该在无聊的事情上浪费时间，如不将人生过出极致的乐趣，简直是笨蛋。

当然，我并不是说大家都要去买块禽龙化石感悟一下。买了以后就知道毫无用处，可以的话，我倒是很乐意把手头的化石转卖给你。讲这段故事，是因为我想和大家分享以下三个灵感。

充满苦难是人生的基本形态。然而即便如此，我们还是有幸拥有众多机会。加之人生苦短，如不努力让这转瞬即逝的烟火绽放得更美，而一味地沉溺于过去、在消极事物上浪费时间，那就太暴殄天物了。

只要秉持"人生不过转瞬"这一人生观，相信我们能将大部分事情"大事化小"、一笑置之，并自然地想"积极乐观地生活，将头脑和时间用于快乐的事情"。

自由挑战

74. 时不我待
立即行动，勿失挑战良机

"武贵，想做的事情现在不去做，一定会后悔的哦。我就是为了走出 comfort zone（舒适区），才去留学的。要是之后再回到大企业，等于又回到了好不容易走出的地方。那样的话，当初就没有留学的必要了。"

某个周末，在新加坡的荷兰村一边吃着早午饭，一边热切地对我说着上述这番话的，是出生于埃及的天才程序员乔（化名，33岁）。他作为IBM的软件工程师，在中近东及非洲积累了8年的职业经验后，前往INSEAD法国校区留学，我们在那里相遇并成为好友。

留学时期一直以平头示人的他，不知何时蓄起了长发，还烫了发型；或许是因为平日里爱去健身馆，肩宽也接近阿里斯泰·欧沃瑞（荷兰格斗家）了。

乔是一位天才软件工程师。童年玩计算机游戏时，就发愤地"想自己做出更有意思的游戏"，并开始自学起编程来。

也许是受在埃及的大学中教授计算机科学的父亲的影响，乔独自翻阅并学习了放在家中的计算机相关领域的书。由此可见，父母及家中藏书的影响是多么可怕！

乔在IBM的8年间，工作顺利，一路升迁，但他怕这样舒适的生活会成为自己人生的桎梏，于是为打破枷锁而前往法国留学，我们因此相识。

之后他收到了来自微软、谷歌等众多大企业颇具吸引力的邀请，但他都以"现在回大企业的话，当初就没有必要去留学了"这一理由一一拒绝。

乔热切地对我说道："想要挑战的话，只有现在。即使失败了，回到大企业就好，没什么风险。因为Now or Never（时不我待，现在不挑战，最终永远都不会挑战）。"

Now or Never——是永远停留在自己的"舒适区"，还是现在就冲出去迈向更高的目标？

这仅仅是一个选择问题，无关好坏。拥有强烈"自我实现欲"的人，往往同时拥有冲出"舒适区"的勇气。

　　是否有迈出这一步的勇气，是抱着完美想法不了了之的人，
与不断实现愿景、实现自我的人之间的差别。

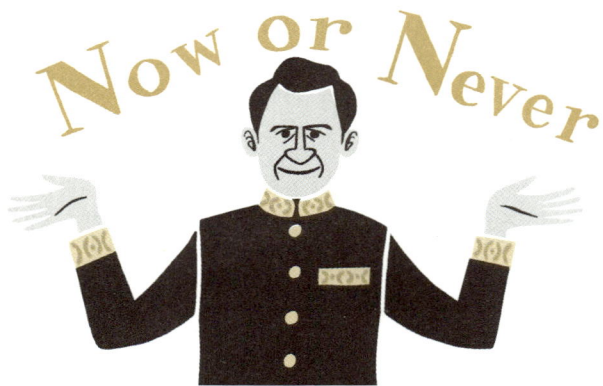

75. 【迷你专栏】
享受青春，与年龄无关
引退以后仍继续挑战自我的人们

我认识一位原外交官先生，他在60岁前辞去官职后，居然重新考上了地方大学的医学部，之后参加了国家医师考试，成为到目前为止最年长的合格者。

这位先生一直痛心于非洲等发展中国家恶劣的医疗状况，因此从外交官职位引退后，并没有过起悠然自得的退休生活，而是开始了大学医学部的备考。

虽说几十年前的他曾以尖子生的身份考入首尔大学这样的名牌大学，但如今毕竟年过花甲，记忆力也随之衰退，备考大学并非那么容易。然而即便如此，他还是漂亮地考上了地方上有实力的大学的医学部，之后又满怀热情地投入医师资格证考试的准备中。

这样的事情并非只发生在他身上。世界上还有很多年过六旬

甚至七旬却依然灵感、激情不断的人，他们不愿意活在过去的延长线上，总是不断挑战新事物。

时不时地，我们就会听到诸如司法考试中出现最高龄合格者这样的报道，可见越来越多的人，无论多大年龄，都在为了更高的目标而不断努力。即使到了退休年龄，很多人依然在"寻找自己想做的新的事情，不断挑战自我"。

我所认识的资产家中，很多人已经积累了巨额财富，但一般来说，他们都极富企业家精神，即使到了需要引退的状态或花甲年龄，也会反过来觉得"过了65岁正好是创建新公司的好时机"。

在某商务杂志的邀请下，前几日，我有幸与日本著名的一流摔角手小桥建太先生进行了一次对谈。小桥先生最令我印象深刻的一句话是，"人不论多少岁，都可以享受青春"。

他表示，他喜欢自己到目前为止的人生的全部内容，摔角事业更是令他骄傲，让他倾注了所有的热情。如今虽然已经引退，但他不会让人生的高峰期就此结束，只要不停止对新事物的挑战，无论到了多大年纪，都可以享受青春。

自主打破封闭空间的人，不会被"已经到了引退的年纪""隔行如隔山，这个行业可与你到目前为止的经历完全不同"这样的社会舆论束缚，不会被外界强加给自己的"硬壳"困住。

能够实现自我的人，指的是那些不被自己或他人强加的"硬壳"束缚，不论到了多大年纪，都可以活出青春的人。

76. 解放自我

不为"体面"所惑，诚实面对自己

"自我实现，不就是解放自我吗？"

在偶然光顾的新桥某大厦一角的日式料理店里，留学时期的好友玛丽（化名，28岁），一边品味着无比美味的鱼肉，一边对我说了上述这句话。

席间我说起本书即将完稿，但还没决定在最后该向各位读者传达怎样的信息，她不经意的一席话突然触动了我的心。

"我理解的自我实现，就是获得自由。因为大部分人的人生都要从各种艰辛中不断学习、积累经验，肩负的责任也会越来越重，自由却越来越少。"

用她的话说，即使问5年前、10年前甚至20年前还是小学生的自己想做的事情是什么，方向也是不变的：为全世界的旅行者提供欢乐。

　　玛丽的童年是在纽约那座国际化城市中度过的，幼时就常去不同国籍的人家中参加各种家庭聚会。这样欢乐的原体验，让她逐渐把"在国际化的环境中，热心招待旅行的人们"这一想法当作自己职业上的终极目标。

　　正因为"热情招待来自世界各国的人"是她幼年时就扎根于内心的梦想，成年后的工作目标才能够毫不动摇，并内化为她整个人的核心。

❖ 想做的事×能做的事×社会需要的事

　　编写本段内容时，我正好有机会和多年的朋友、日本代表性风险投资家高宫慎一先生（本名，39岁）见面，并询问了他对"能够实现自我的职业"的看法。因为在我的同龄人中，高宫先生可以说积累了最为充实和幸福的职业生涯。

　　高宫先生还在外资咨询公司工作时，工作经常从"能做什么"而非"想做什么"出发，因而大为苦恼了一阵子。

　　之后，他前往哈佛商学院留学，并尝试"通过艺术、设计提供咨询"，但因为各种原因该事业早早夭折。

然而，后来他从对冲基金、风险投资等多项实习经历中，终于意识到自己想做的、能做的，同时也是社会所需要的工作，正是促进企业成长壮大的风险投资家。

关于"能够实现自我的天职的三大要素"，高宫先生列举了"想做的事""能做的事""社会需要的事"这三项，并表示，所谓的"天职"就存在于这三者在文氏图中的重合之处。

其中，他强调第一项最为重要，找工作时应该围绕"自己想做的事"这一中心展开。

因为如果是自己喜欢的事情，自然会比其他人花费更多心思，努力得更持久，要求自己做出一流的工作成果。

其实他所说的正是斯坦福大学著名教授的著名文氏图，当我吐槽他"现学现卖、拾人牙慧"时，他却表示自己在很久以前就意识到这三大要素了。

高宫先生再次强调，从长远来看，寻找能够实现自我的工作时，最重要的是从"喜爱的事"中不断寻找"能够赚钱（能够转化为工作）的事""社会需要的事"。

❖ 人生是"自我满足"的剧场
——与其迎合他人期待，不如过好自己的人生

对很多人而言，有一个简单而纯粹，又往往最让他们为难的问题，那就是"你，究竟想做什么？"这一根源性问题。

想要实现自我，那么理所当然地需要知道自己的效用函数（让自己获得满足的决定性因素）。而且随着时间的推移，想要实现的自我也会改变，因此如果不能养成时常直面自我的习惯，将很难达到自我实现。

很多情况下，人们的判断、思考以及行动，不过是在迎合周围人的期待，完成职业上的"角色扮演"。为了他人的期待，再加上自己的臆想、错觉，很多人一生无法为了自己率性而活（当

然，对于那些将自我满足建立在迎合他人期待、满足他人的基础之上的生存方式，我们也有必要给予尊重）。

假如为了满足他人的价值观和期待值而活，那么又有谁会为了我们自己的人生而活呢？如果我们的人生不需要自己做主，那么何必事必躬亲，把整个人生交给别人就好啦。

"意识到对自己而言'什么最重要''什么是幸福'的人，才是人生赢家"，这出自我之前无意中看到的电视节目里的一位纽约模特之口。玛丽小姐和高宫先生的话，让我不由得回想起那位模特类似的观点。

真正的自我实现，应该是释放自我，是自由地追求自身幸福。

在这里让我们将右手置于胸前，问一问5年前、10年前甚至20年前的那个过去的自己，再问问5年后、10年后乃至20年后那个未来的自己：你，想做什么？

如果本书能成为一个契机，让大家能够在自己的人生中且行且珍惜，找到适合自己的最佳职业，身为作者的我将备感荣幸与欣喜。

77.

二流的我，紧随着一流人士的脚步

最后的这篇章末专栏，也是在印度完成的。

本书刚动笔时，我正在印度德里参加婚礼；写到这最后一章的章末，我又为了另一场婚礼来到了印度的孟买。坦白了这些行程，不免会给大家留下一年到头都在印度出席婚礼的印象，不过我也不能完全否认。

（顺便说一下，刚写到这里，我又收到了一场婚礼邀请，要在今年冬天赶去德里。）

正提笔书写这一段的我，昨天刚参加完这场婚礼中最盛大的活动——伴随着叙事歌曲、裹着头巾狂欢的舞会。

现在正值清晨，我正坐在孟买泰姬陵旁维安塔总统酒店的大厅里，身穿印度民族服装，一边听着印度传统音乐，一边奋笔疾书。这次婚礼之行，让我得以与活跃在众多领域的同学们再次相聚，也让我再次深深地认识到，在这个世界上，存在着多姿多彩的生存方式，而怎样去选择是我们自己的责任。

这次婚礼上集结的朋友各有各的精彩，细说起来可能会很长，但为了让大家充分感受到这种多样性，请允许我稍做列举。

他们中包括在希腊的大型银行行长身边工作、于经济危机中负责掌舵的原咨询界人士莉安卡，在麦肯锡热那亚办事处担任医药界咨询顾问的安德里亚，在伦敦谷歌负责慈善事业的珍妮特。

还有在都柏林的家族办公室中进行世界范围内投资的卡洛，身为奥地利人却不知为何跑到哥伦比亚的风投公司工作的菲利普。

当然还包括在孟买创立了建筑、房地产公司的卢夏普（这次就是他的婚礼），不知何时，他居然已经将业务扩展到经营机场特等舱候机室了。

而住在新加坡的卡莉本为巴基斯坦人，前来印度难于登天，但不辞辛苦地前后6次去大使馆努力说明情况后，终于以每天都去警察局汇报行程为条件，获准前来参加婚礼。

身为西班牙人的拉斐尔却操着一口流利的中文，负责汉堡王在中国的推广工作。阿拉伯人哈立德则在中东的礼来公司担任市场行销工作。

住在伦敦的尼日利亚人丹尼尔一直从事私募股权融资，现在正打算跳槽到非洲小学相关的社会风险投资事业（由比尔·盖茨等财团支持）。

而以INSEAD首席身份毕业的安德鲁，在英国的投资公司工作。

拥有英国国籍的伊拉克人菲利普，最近在中东创建了为天使投资家与风险投资家牵线的平台。

然后就是最近几乎在印度朋友的婚礼中荣获"全勤奖"的我，金武贵。除了我以外，大家几乎都令人吃惊地在各个领域大显身手。

铺陈了这么多，是因为我再次明白，放眼全世界，实在存在太多各式各样的职业，存在太多我们怎么努力也赶超不了的才华出众之人。

自认无法在才能及努力方面超越这些世界级优秀人才的我，倒是非常乐意、热心地把他们当"云专家"连接起来，并从中创造出各种机会。

❖ 我想与诸位读者一起做的事情

首先感谢各位亲爱的读者朋友能够耐心、认真读完这本厚厚的书。我非常想和这样的你们协作，共同实现一些事情。

如果有哪位热情的社长先生，愿意提供"一家非常优秀的公司，但因后继无人，想转让给值得信赖的投资基金，以继续发展公司事业，并加强管理，促进公司进一步成长"这样的项目，那就再好不过了。另外，类似"想把这家优秀的公司切分出去，独立发展"这样的分拆项目，我也乐意之至。

不过，也同样欢迎大家在我进行各项调查、采访、征询意见时，在我组建各类项目小组时，为我提供不同见解。我在写书、写专栏时，通常需要进行大量的问卷调查或采访，如果可以的话，烦请大家到本书的特设网页（www.moogwi.com）或是我写作专用的脸书主页（https://www.facebook.com/francehongkongsingapore）上，进行一下简单的回答。

另外，我还打算在上述网页不断上传关于各栏目中各类追求细节的小秘闻、附带栏目等，请大家有时间一定访问看看。

同时，衷心地希望本书可以成为一个契机，通过本书的读者朋友们共同的力量，构筑一个可以从事有趣、有意义的工作的平行职业平台。

在编写本段内容的前一天，我去见了出身于普林斯顿大学、如今在美系大型投资基金工作的澳大利亚朋友杰克先生（化名，35岁）。用杰克的话说，他现在最担心的是，50岁过后的自己"虽然积攒了10亿日元的财富，但没有任何想做的事情，没有任何兴趣，除了现在的工作以外一无所长"。

"我现在所在的基金行业，赶上过去20年高速成长期的创业者们基本都成功了。但如今产业已趋完善，在此延长线上不可能取得巨大成功。这是像我这样的总监阶层所共同面临的课题。

"今后我想一边通过正业赚钱，一边尝试一些更有意义的工作，即使不赚钱也可以，只要能学到东西，能感受到其中的社会意义即可。"杰克继续说道。

近年来，非常多的职业人士都与杰克有同样的感觉（为方便起见，我暂且将这个群体称为"杰克·普林斯顿人群"）。

多年以来，我一直与就职于世界级投资基金、咨询界、金融界、跨国企业以及司法界的友人，互相提出各类"有趣的项目"，以兴趣为本位，进行了各种尝试。令人吃惊的是，大家都积极地将自己在本行业领域培养的技能、积累的人脉，投入这些通过"想做的事×能做的事×社会需要的事"得以"自我实现的项目"。他们推动项目之热心、工作之愉悦，简直像换了一个人。

最终证明，既拥有"自己想做什么"这一深刻的自我认识，又拥有"能够为项目做贡献的技能、人脉、资源"的人聚集在一起，将有能力为更多人提供自我实现的机会。

因此，如果您认为"我也属于杰克·普林斯顿人群"，如果您的公司"愿意为全球的精英提供有趣的项目",那么请一定登录www.moogwi.com联系我们。

关于工作的常识,今后将发生巨大变化。相信今后愿意将各自培养的技能、积累的见解以及人脉通过网络加以联合,以团队的形式开创各类项目的人会越来越多。

如果能够不被公司工作束缚,能够自由地运用自身技能与兴趣,那么你不仅会创造不可估量的经济效果,还会让很多人拥有更多样的方式去"实现自我"。

对很多人而言,能否实现自我,取决于是否拥有一份自己乐在其中且对社会有贡献、能够切实感受到自身价值的工作。这份工作可以是本业,也可以是包括志愿活动在内的平行职业等。

我非常期待今后能有机会与本书的读者朋友们共创几个上述那样多彩、有趣的项目。

不过,仅限于相当有趣又赚钱的项目(附上坚定的眼神)。

**喜欢的工作，
全都去尝试**

59. 喜欢的工作，全都去尝试 [→ P252]

你是否认为"想做的事情，只能有一件"？在如今这一世道，通过平行职业等多样化方式实现自我已成为基本现状。

60. 小心跌入"精英陷阱" [→ P255]

你是否跌入了"体面的陷阱"中？如果人人都根据他人的价值观选择工作，将没有人能活出"自己的人生"。

61. "天职"无须引退 [→ P259]

你拥有一份不想引退的工作或兴趣吗？能够狂热地投入到自己喜爱的事物中的人，人生注定不会无聊。

活用长处

62. 在有胜算的领域一决胜负 [→ P263]

你一直在自己人生的"薄弱学科"上较真吗？在喜爱却不适合的事物上浪费时间，只会给大家带来"不幸"。

63. "令人沉迷的工作"改变人生——从暮气沉沉的"啃老族"转变为自主申报的纳税人 [→ P267]

你的工作"令自己沉迷"吗？即使不是"天职"，"令自己沉迷"的兴趣也足以令人强大。

发挥使命感

64. 认同自己"工作的理由" [→ P271]

你的工作是否重要到关乎自我身份认同？赌上存在的意义去工作的人，几乎难逢敌手。

65. 勿忘原体验 [→ P274]

你时常回归自身价值观、问题意识的原点吗？"自我认知"的深入程度，与获得"对自身而言的成功"密切相关。

66. 只有理想，无法"果腹"——从被解雇的职业棒球选手那里得到的启示 [→ P277]

你是否执着于追求"天职"，而弄错了人生的优先顺序？即使不是"天职"，值得尊敬的工作还有很多。

树立愿景

67. "高视野""高目标"带来人才、资金及社会资源 [→ P280]

你为事业树立社会使命感了吗？只有宏大的、崭新的、具有社会意义的事业，才能吸引众多人才参与。

68. 不在目标设定阶段认输——人人都想建立"高瞻远瞩的公司" [→ P283]

你为事业树立远大的目标了吗？只有以一流公司为目标，才能吸引一流人才。事业实际如何开展，取决于招揽来的人才的素质。

完善组织结构

69. 吸收比自己更优秀的人才，放手让员工做事——与他人建立长期互惠关系，巧借合作伙伴之力实现愿景 [→ P286]

你的组织结构中，吸收了比自己更优秀的人才吗？请构筑长期的双方互惠关系，放手让员工做事，帮助自己成功。而身为领导者的你，需要建立"离开了自己也能照常运转"的组织结构。

70. 善于激发共事的人的动机，让他们获益 [→ P290]

你注意让一起工作的人获益，让他们心情愉悦地工作了吗？想方设法地激发周围人的动机，是建立组织结构的关键。

勇于舍弃

71. 重视工作以外的人生——出家的精英与私奔的精英带来的教训 [→ P293]

你清楚什么比工作更重要吗？人生除了工作，考虑如何过好个人生活也很重要。

72. 摘下束缚自我的"金手铐" [→ P296]

你是否被现在"不多不少"的收入与幸福束缚？请尝试考虑，如果生命还剩 5 年，你会做什么。

73. 不断烦恼乃人生常态——来自佛祖和禽龙的启示 [→ P300]

你是否意识到了人生的短暂与无常？请让人生这"一瞬的烟火"绽放得更猛烈吧！

自由挑战

74. 即刻挑战 [→ P306]

对于挑战，你是否一拖再拖？现在不挑战的人，永远不会挑战。

75. 不因年纪大而放弃——从已退休的外交官的挑战中学会的东西 [→ P309]

你是否觉得"退休了，一切也就结束了"呢？对不断挑战的人而言，无论年纪多大都"青春常在"。

76. 解放自我 ［→ P312］

选择职业时，你是否以"体面""能做什么"为标准了？
请从"想做的事 × 能做的事 × 社会需要的事"出发，
以自我为主轴，选择自己的人生。

章末专栏

77. 联结世界各地的一流人士 ［→ P317］

在众包云作业成为可能的当今，与各类人士联手完成自
己想做的工作、拥有平行职业已成为基本。

如果您想邀请世界各地的专业人士参与您的有趣项目，
抑或是您希望做为云专业人士参与各类项目，敬请通过
本书所示联系方式与我们接洽。

后记

于世界各地写就的一本心血之作

此时此刻的我，正满怀着无比澎湃的成就感，在香港太古广场的奕居酒店一角，写着这篇结束语。

今天也如往常一样，我打算掐着飞机起飞的点赶去香港国际机场（顺便说一下，因为没赶上，我已经被香港某航空公司扔在机场三次了）。利用退房前的这段时间，请允许我向大家做最后的致辞。

过去两年里，我辗转飞过30多个国家和地区，环绕了地球好几周，才终于写成了这本书。没想到最后的结束语，还是和上一本书一样，要在香港完成。

似乎香港维多利亚港湾的湛蓝、香港点心——特别是蟹黄烧卖——的美味，都成了我写作的灵感源泉。

在这本花费了我漫长时光、诸多心思的书的最后，我应该向各位读者朋友传达怎样的信息呢？周游世界的同时，我也一直在思考这一问题，最终决定从本书回顾、对诸位的希望以及对各方人士的感谢这三个角度入手。

首先，请允许我回顾一下本书内容。本书以"最强工作术"为话题展开，囊括了世界各国精英、商务领导者所具备的工作方式、生活习惯以及思维角度。这些人士给予了我太多深刻的灵感，让我最终得以将上述内容体系化地呈献给大家。

为了帮助诸位发挥出最高工作水准，本书从工作的基本、自我管理、工作心态、领导能力以及自我实现这五个角度，详细展开叙述了共计77条教训，以更广阔的工作视野，全面而概括地论述了通往自我实现的工作术。

本书内容具体而接近本质，以"唾手可得的现实"而非"遥不可及的理想"为概念，将适合所有职业阶段的人进行实践的工作术与经验教训，总括性地收纳于一本书中。

本书的目的在于为各位读者提供一个思考角度，希望大家能够强化与学历、智商无关的工作能力，整理出"属于自己的最强工作术"。同时，希望本书可以成为一个契机，让读者朋友们思考自己"想做的事×能做的事×社会需要的事"。

其次，我希望诸位读者朋友，能在长期反复阅读本书的同时，将其推荐给身边重要的人，这将是身为作者的我的无上荣幸。

人的自我同一性取决于其自身参与的活动。从这一点出发，我参与到本书的编写活动中，希望在世上留下一本数年后读起来依然不过时、具有普遍意义的著作。

因此，如果阅读本书的朋友们不仅"自己想反复阅读"，还"想分享给重要的家人、朋友、前辈、同事"，那于我而言并非"意外之喜"，而是"意料之中"的喜悦。

在周游世界、编写本书的过程中，我怀着与在读的诸位一对一谈话的心情，"询问"过心中的每一位读者朋友。

我想象着未曾谋面的诸位，或在福井县的电车中，或躺在东京都内的卧室的床上，或在京都的某家咖啡店喝着抹茶拿铁，从为数众多的书中挑选出本书，花费宝贵的时间进行阅读的情景。在深感荣幸的同时，我更加试图写出一本无论在地方农村还是我工作过的世界各座城市都具有高度通用性的书，将重要的工作形态展示给大家。

这本书，我想大概也能有幸被译成韩文、中文出版吧。

于是编写本书时，我的脑袋也没有忘记这些读者——在首尔、台北的学校里阅读本书的大学生们，在香港九龙车站附近的公寓里阅读本书的20来岁的年轻人们，在上海的CEIBS的食堂里逃着课边美美地吃着水饺、边阅读本书的学生们。

因此，本书所写内容，都是各国、各行业通用的一流的工作基本。我一边想象着各不相同的读者朋友，一边将10年后、20年后再读也不落伍的重要工作本质写入本书，希望大家能够带着愉悦的心情学到知识。我相信，不论您将本书送给谁，对方都应该非常乐意接受吧！

正如没有人会将重要的教科书或其他心爱的书粗读一遍就扔掉一样，如果读者朋友们愿意反复阅读本书，并将其推荐给对您重要的人，那么本人将备感荣幸。

最后，我想以对各方人士的感激来结束本书。

人在高度追求工作品质、希望以好的工作成绩示人的同时，往往会心怀对各方人士强烈的感激之情。

本书的编写是一个耗时两年以上的艰巨工程，同时也是一段非常快乐的时光。书中内容是我自身真实经验的集大成，因此每次翻阅时，脑海中都会浮现每一个场景中的部下、同级、上司的模样，这对我而言也是一次很难得的学习经历。

两年多时间里，每日花费异常多的心思去一点一滴地编写，在这即将完成的时刻，有如释重负的轻松，也有怅然若失的寂寞。本书的写成离不开众多人的支持，因此在完成之际，也不可缺少对他们的致谢。

感谢我世界各地的上司、优秀的同级与部下，他们在本书编写过程中，给予了漏洞百出的我太多亲切的指导。如此想来，能够与那么多优秀的人物在企业文化那么出色的公司里共事，我简直幸运至极。

在这里我非常想一一列举他们的名字以表示感谢，尤其感谢我大学时代的密友中里有吾先生，感谢他本次愿意为我担任本书的编辑。我对细节的过分追求、对原稿的无数次修改请求，让他的编辑工作变得艰辛无比，似乎永远也没有完结的一天。最后因为我更改的次数实在太多了，中里先生好像真的生气了，取消了本来要去寿司店讨论工作的约定。希望本书出版后，他能消消气，愿意带我去享用那里的美味寿司。

衷心地感谢中里先生冒着我俩长年的友情极有可能化为乌有的风险，中途一边生着闷气一边与我共同完成了这本双方都很满意的力作。

接下来，我还要表达对插画家岸润一先生的感激之情。感谢他满足我诸如"迷惑龙的形象不太对劲啊""尼克松的表情还可以再生动一些""插图里的我，简直胖得不合理。能帮我改瘦一点吗"的烦琐的细节要求，为本书带来精美无比的插图。

　　同时，我还要感谢毕业于世界第一国际商务学校INSEAD的各位友人，感谢他们为本书提供了那么多世界范围内的话题，感谢他们陪伴我度过人生最精彩的日子。同样，感谢为我提供了众多表现机会、学习机会的U公司的各位人士，据我所知，那是世界上最棒的一家公司。

　　另外，请允许我在这里向我的母亲南瓜夫人致以谢意。托大家的福，之前母亲与我共同编写、出版的育儿书，同时也是商务人士培养领导能力的书《一流的教养》，一路畅销。《一流的教养》、倾注我全部心力的处女作《将世界精英的工作方式整理成册》与这次的原稿，无一例外地得到了母亲严格的监督与反馈。

　　母亲在阅读本书原稿时，毫不留情地给出了诸如"这里太自夸了，容易招人反感""这里的外来语，太难理解了""这里的切入视角太高，不适合一般读者""能慢慢寻找自己想做的工作的人，只有幸运的一小部分吧""你故作风趣的手法太单一，我都看腻了"等严厉评价。这让我不禁怀疑，我的书在亚马逊上的那些差评，大概都是母亲写的吧。

　　最近，我还去拜访了未婚妻的父亲、我将来的岳父。想到早已过世的父亲应该也很想参加我的婚礼，我不由得感慨万千，一时潸然泪下。因此，作为对父亲的回报，请允许我在这里也向我的父亲大嗓门先生表达我的感激之情。

写到这里，我想此时此刻的香港国际机场应该响起"最后一次登机提示，请金武贵先生抓紧登机"的广播了吧？不知道他们这次会不会又抛弃我起飞而去。

当然现在不是写这些可有可无的事情的时候，虽然心有留恋，但我不得不准备合上电脑，前去退房了。

在合上电脑之前，请允许我最后对一群绝对不可忘记的人士表示感谢。

读者朋友们，这次也非常感谢诸位的阅读。

我之所以能坚持从事自己喜爱的写作事业至今，全都仰仗各位对本人作品的支持与喜爱。再次衷心地感谢大家的耐心阅读，谢谢！

让我们在下一部作品中再会！

21世纪前半叶 某周日

金武贵

（衷心希望本书几十年后依然有读者，因此请允许我留下上述格式的日期）